평설자치통감

권007

이 도서의 국립중앙도서관 출판시도서목록(CIP)은 e-CIP홈페이지(http://www.nl.go.kr/ecip)
와 국가자료공동목록시스템(http://www.nl.go.kr/kolisnet)에서 이용하실 수 있습니다.
(CIP제어번호: CIP2017013690)

평설자치통감 권007 • 진시대02

2017년 11월 1일 초판 1쇄 찍음
2017년 11월 7일 초판 1쇄 펴냄

지은이　권중달
펴낸이　정철재
만든이　권희선 문미라
디자인　정은정

펴낸곳　도서출판 삼화
등　록　제320-2006-50호
주　소　서울 관악구 남현1길 10, 2층
전　화　02) 874-8830
팩　스　02) 888-8899
홈페이지　www.tonggam.com | www.samhwabook.com

ⓒ도서출판 삼화, 2017, Printed in Seoul Korea
ISBN　979-11-5826-085-9 (04910)
ISBN　979-11-5826-017-0 (세트)

* 책값은 표지 뒤쪽에 있습니다.
* 잘못 만들어진 책은 구입하신 서점에서 바꿔드립니다.

평설자치통감

권007

진(秦)시대 02

권중달 지음

들어가면서

《자치통감》을 번역하고 출판한지 벌써 몇 해가 지났다. 그동안 경향 각지의 많은 독자들의 격려와 고언을 받으면서 독자들에게 한걸음 다가가는 책이 필요하다고 절감하였다.

독자들 가운데 원문(原文)을 보고자 하는 사람이 많고, 또 사료라 할 원문에 대한 일정한 정도의 해설적 설명인 평설(評說)이 필요하다는 독자도 있었다. 번역을 원문과 대조해 보면서 읽는다면 훨씬 그 맛을 더할 수 있기 때문이고, 다른 한편으로는 평설을 통하여 원문에 대한 역사기록을 깊이 있게 이해하고자 함이었다.

이에 한 걸음 더 나아가서 귀에 익숙한 《통감절요》(이하 절요)와 《통감강목》(이하 강목)이 《자치통감》 가운데 어느 부분을 생략하였고, 또 어떻게 줄였는지를 보여 주는 것도 독자들에 대한 봉사라고 생각하였다.

그리하여 번역문과 《자치통감》의 원문 그리고 그 부분에 해당하는 《절요》와 《강목》의 원문을 실어서 비교할 수 있도록 하였다. 이는 이 책을 통하여 통감학에 대한 입체적 검토를 할 수 있게 하려는 것이다.

이 《평설 자치통감》은 《자치통감》에 실린 내용을 역사적 이해를 돕기 위한 것이므로 내가 계속 추진하였던 또 다른 방향에서의 '자치통감 행간읽기'이다. 이 책이 역사 기록을 보는 안목을 조금이라도 높이는데 도움이 되기를 바라는 마음이다.

권중달 적음

목차

- 004 들어가면서
- 008 실린 내용
- 013 진왕 영정의 암살에 실패한 형가
- 017 아들의 목을 베야 했던 연왕
- 020 낙향하는 진의 장군 왕전
- 023 안릉을 지켜낸 안릉군
- 027 재물을 탐하는 것처럼 보여야 했던 왕전
- 033 초나라를 멸망시킨 왕전의 작전
- 038 연의 멸망과 사마광의 논평
- 044 6국 통일에 한발 다가선 진나라
- 046 무대책으로 일관한 제왕
- 052 제나라의 최후와 진의 통일
- 057 새 역사를 쓴 시황제
- 062 새 제도 군현제의 실시
- 068 진 시황의 순행과 치도의 건설
- 070 지배의 장구화를 꾀하는 시황제
- 078 공격 받는 진 시황제
- 082 참위서와 만리장성의 등장
- 087 분서(焚書)와 유가 서적
- 092 무리하게 건설되는 함양궁

- 097 불사약과 갱유(坑儒)
- 103 시황제에 나타난 불길한 징조
- 105 비밀에 붙여진 시황제의 죽음
- 111 권력을 잡으려는 환관 조고의 사술
- 119 주살되는 몽씨들
- 122 몽념의 죽음에 대한 평가
- 124 구세력을 제거하게 하는 조고
- 134 진승·오광의 기병
- 139 장이와 진여의 등장
- 144 허위보고를 유도한 호해
- 147 사방으로 경략하게 하는 진승
- 151 무신에게 유세하는 괴철
- 155 진나라 장한에게 패배한 주장
- 160 조왕이 되는 무신군
- 165 군사를 일으킨 유방
- 171 소하·조참·번쾌를 얻은 유방
- 175 항량과 항우의 등장
- 180 제에서 기병한 전담
- 183 연왕이 된 한광
- 186 조왕 무신을 풀어 준 정치역학
- 190 위왕이 되기를 거절한 주시
- 193 주나라의 마지막 흔적 지우기

실린 내용

진 시황의 중국 통일

《자치통감》 294권 가운데 진(秦)나라 시대의 기록은 권6부터 권8까지 모두 세 권으로 되어 있는데, 이 책은 그 두 번째인 권7이다. 권7에 실린 내용은 기원전 227년(갑술)부터 기원전 209년(임진)까지 모두 19간의 역사를 기록하였다.

7권의 시작은 진 시황제 20년부터 시작하는데, 시황제의 기록으로는 진시황 하(下)이다. 앞의 권6의 중간에서 진시황 상(上)이 시작되었으므로 〈진기(秦紀)〉의 반 정도는 진 시황제인 영정이 진왕으로 등극하여 전국시대의 강자들을 다 멸망시키고 이른바 천하를 통일하여 스스로 황제라는 명칭을 만들어 내고, 스스로 첫 번째의 황제, 즉 시황제가 되었다가 순수 도중에 사구에서 죽는 내용이다.

첫 내용은 아직 황제가 아닌 진왕인 영정을 암살하려고 연(燕)의 태자인 희단(姬丹)이 자객 형가를 보냈다가 실패하는 이야기부터 시작된다. 반드시 이 사건 때문만은 아니겠으나, 진 시황은 전국시대부터 패권 경쟁을 하던 6국을 차례로 무너트린다. 먼저는 중간지대에 있던 한·위·조가 대상이었고 하나씩 정복해 가는데, 이들이 망한 다음에는 공격의 방향이 자기들을 향할 것임을 알아차리지 못하고, 합종책을 하자고 하면서도 개별국가의 이익을 위하여 몸을 사리는 사이에 6국 또는 5국의 합종책은 빛을 발하지 못한다.

그리하여 초를 멸망시키고, 연과 조를 멸망시켰다. 마지막으로 남은 제(齊)는 이러한 국제 변화에 무대책으로 있다가 500리를 주어 그곳에서 왕 노릇 하게 해주겠다는 진의 꾀임을 받고, 진에 항복했다가 제왕 전건은 측백나무 사이에 방치되어 굶어 죽는 최후를 맞는다. 그 동안 진은 무력과 간첩활동을 병행하면서 이른바 천하 통일의 소원을 이룩하였던 것이다.

통일을 이룩한 시황제 영정은 새로운 제도를 만들어서 통일을 유지하려고 한다. 그 하나는 봉건제를 채용하지 않고, 군현제를 채용한 것이다. 모든 지역을 황제가 중앙에서 직접 관장하겠다는 것이었다. 다음으로 도량형의 통일, 분서갱유로 알려진

사상의 통일, 그 위에 법가사상에 의하여 엄격한 법의 적용으로 백성들을 통제하려고 하였다. 또 직도를 건설하고 흉노를 막으려고 장성을 쌓는 일도 해 나갔다.

엄격한 통제를 통한 지배는 언로를 막았고, 결국 진 시황제가 순수 도중에 죽었지만, 원칙이 가동되지 않고 조고에 의해서 장자 부소를 죽이고 어린 호해를 후계자로 세우게 된다. 이러한 비정상적 조치가 탄로 나지 않게 하려고 더욱더 엄격한 통제를 기울이게 되며, 그런 가운데 2세 황제가 된 호해는 모든 정치를 조고에게 맡기는 상황이 된다.

강압적 통제 하에서 더 이상 참을 수 없는 상황이 되자 진승과 오광이 초지역에서 군사를 일으켜서 진의 도읍 함양을 향해 진격하게 된다. 이러한 분위기 속에서 전국시대의 6국은 이러저러한 과정을 거치면서 다시 재건되는 양상을 맞게 되는 것이 후반부에 기록된 내용이다. 진의 질서가 무너진 것이다.

진의 지배질서가 무너진 상황에서 새로운 질서를 만들어 내기 위한 진통이 계속된다. 후에 천하를 놓고 다투게 되는 유방과 항우도 이 시기에 군사를 일으킨다. 그러나 이들이 군사를 처음 일으킨 과정을 보면 항우는 무력에 의지하였다고 한다면, 유방은 정치력으로 해결해 나가는 서로 다른 양상을 보인다. 이러한 틈새에 제일 먼저 군사를 일으키기는 했지만 능력의 한계에 부딪친 진승은 그 세력이 점점 위축되어 가는 양상을 보이는 것으로 7권이 끝난다.

[일러두기]
1. 《자치통감》 기사 앞에 붙은 숫자는 대만 세계서국의 《신교자치통감》을 따랐다.
2. 원문에서 《자치통감》은 본문에, 《자치통감강목》과 《통감절요》는 각주에 달아 표시하였다.
3. 《자치통감강목》은 【강목】으로 표시하고 다시 (강)과 (목)으로 구분하였다. 《통감절요》는 【절요】라고 표시하였다.

진왕 영정의 암살에 실패한 형가

원문번역

진 시황제 20년(甲戌, 기원전 227년)

1 형가(荊軻)가 함양에 도착하여 왕이 총애하는 신하 몽가(蒙嘉)를 통하여 겸손한 말씨로 알현하기를 요구하니, 왕이 크게 기뻐하여 조복을 입고 구빈(九賓)의 의식을 갖추고 그를 만났다. 형가가 지도를 받들고서 왕에게 나아가는데, 지도의 끝으로 비수(匕首)가 보이니, 이 때문에 왕의 소매를 잡고 그를 때렸지만 아직 몸에 닿기 전에 왕이 놀라서 일어나니 소매만 잘렸다.

형가는 왕을 쫓았고, 왕은 기둥을 돌면서 달아났다. 여러 신하들이 모두 놀랐는데, 갑자기 뜻하지 않은 일이 일어나자 모두 그 절도를 잃었다. 그러나 진의 법에는 여러 신하들로 전각에 올라 왕을 시종하는 사람은 한 자나 한 치 되는 무기라도 가질 수가 없게 되어 있어서 좌우 사람들이 손으로 함께 그를 잡으려고 하며 또 말하였다.

"왕께서는 칼을 지고 있습니다."

칼을 지고 있으므로 왕이 드디어 뽑아서 형가를 쳐서 그의 왼쪽 팔을 잘랐다. 형가는 쓰러지면서 비수를 끌어당겨 왕에게 던졌으나 구리기둥에 맞았다. 스스로 일이 성취될 수 없음을 알고, 욕을 하면서 말하였다.

"일이 완성되지 못한 까닭은 살려서 이를 협박하여 반드시 땅을 돌려준다는 약속하는 계약서를 얻어내 가지고 태자에게 보답하려 했기 때문이다."

드디어 형가의 몸을 갈기갈기 찢어서 저자에 돌렸다.

왕은 이에 크게 노하여 더욱 많은 군사를 내서 조로 보내고, 바로 왕전(王翦)에게 연을 치게 하여 연의 군사와 대(代)의 군사와 역수(易水)의 서쪽에서 싸워서 이들을 대파하였다.

원문

始皇帝下二十年

1 荊軻至咸陽 因王寵臣蒙嘉卑辭以求見; 王大喜 朝服 設九賓而見之. 荊軻奉圖而進於王 圖窮而匕首見 因把王袖而揕之; 未至身 王驚起 袖絶. 荊軻逐王 王環柱而走. 羣臣皆愕 卒起不意 盡失其度. 而秦法 羣臣侍殿上者不得操尺寸之兵 左右以手共搏之 且曰: "王負劍!" 負劍 王遂拔以擊荊軻 斷其左股. 荊軻廢 乃引匕首擿王 中銅柱. 自知事不就 罵曰: "事所以不成者 以欲生劫之 必得約契以報太子也!" 遂體解荊軻以徇. 王於是大怒 益發兵詣趙 就王翦以伐燕 與燕師·代師戰於易水之西 大破之.

【강목|절요】*

평설

　형가가 지난해에 진왕 영정을 암살하려고 진의 도읍인 함양에 들어가는 데 성공하였다. 연나라 땅 일부를 헌납한다고 했으니, 사실이라면 진나라로서는 엄청난 선물을 받는 것이었다. 이 때문에 진나라에서도 작위를 가진 사람들을 다 모아 놓고 환

---

*【강목】(강) 甲戌 (목) 秦二十 楚王負芻元 燕二十八 魏王假元 齊三十八年 ○代王嘉元年 ○舊國五新國一凡六 (강) 燕太子丹使盜劫秦王不克秦遂擊破燕代兵進圍薊 (목) 初 丹既亡歸怨秦王 欲報之 以問其傅鞫武 武請約三晉連齊·楚 媾匈奴以圖之 太子曰 太傅之計 曠日彌久 令人心惽然 恐不能須也 頃之 秦將軍樊於期得罪 亡之燕 太子受而舍之 鞫武諫 不聽 太子聞衛人荊軻賢 卑辭厚禮而請見之 謂曰 秦已虜韓 臨趙 禍且至燕 燕小 不足以當秦 諸侯又皆服秦 莫敢合從 丹以爲誠得天下之勇士使扵秦 劫秦王 使悉反諸侯侵地 若曹沫之與齊桓公 盟則善矣 不可 則因而刺殺之 彼大將擅兵扵外而内有亂 則君臣相疑 以其間 諸侯得合從 破秦必矣 惟荊卿留意焉 軻許之 乃舍軻上舍 丹日造門 所以奉養軻 無不至 會秦滅趙 丹懼 欲遣軻 軻曰 行而無信 則秦未可親也 願得樊將軍首及燕督亢地圖 以獻秦王 秦王必悦見臣 臣乃有以報 丹曰 樊將軍窮困來歸丹 丹不忍也 軻乃私見於期曰 秦王遇將軍 可謂深矣 父母宗族皆為戮沒 今聞購將軍首 金千斤 邑萬家 將柰何 於期太息流涕曰 計將安出 軻曰 願得將軍之首 以獻秦王 秦王必喜而見臣 臣左手把其袖 右手揕其胷 則將軍之仇報而燕見陵之愧除矣 於期曰 此臣之日夜切齒腐心者也 遂自刎 丹犇往伏哭 然已無可柰何 乃函盛其首 又嘗豫求天下之利匕首 以藥淬之 以試人 血濡縷 無不立死者 乃裝遣軻 至咸陽 見秦王奉圖以進 圖窮而匕首見 把王袖而揕之 未至身 王驚起 軻逐 王環柱而走 秦法 羣臣侍殿上者不得操尺寸之兵 左右以手共搏之 且曰 王負劒 王遂拔以擊軻 斷其左股 軻引匕首擿王 不中 自知事不就 罵曰 事所以不成者 欲生劫之 必得約契以報太子也 遂體解以徇 王大怒 益發兵 就王翦於中山 與燕代 戰易水西 大破之 遂圍薊【절요】甲戌, 荊軻至咸陽, 王大喜, 朝服, 設九賓而見之. 荊軻奉圖以進於王, 圖窮而匕首見, 因把王袖而揕之；未至身, 王驚起, 袖絶. 荊軻逐王, 王環柱而走. 秦法, 羣臣侍殿上者不得操尺寸之兵, 左右以手共搏之, 且曰：「王負劒！」負劒, 王遂拔以擊荊軻, 斷其左股. 遂體解以徇. 於是益發兵伐燕, 戰於易水之西, 大破之.

영의 자리를 마련하였다. 여기까지는 성공하였지만 정작 진왕을 알현하는 자리에서 가지고 간 비수의 끝이 보이는 바람에 실패하고 만다. 따라서 연 태자 희단의 계획도 실패로 돌아갔다.

진왕 암살 계획은 그것으로 끝나지 않았다. 진나라는 이를 계기로 진의 동쪽으로 그 세력을 더 넓혀갔다. 우선 이미 멸망한 조나라의 태자가 세운 대(代)와 그와 연합하고 있는 연나라를 대대적으로 공격하기 시작한 것이다. 그리고 진나라는 역수(易水)에서 조나라 세력의 일부인 대의 군대와 연나라의 군대를 격파했다.

연나라 태자인 희단의 진왕 암살 계획이 없었다고 하여도 진나라는 이들 나라를 모두 병탄하려고 했을 것이 분명하다. 그러나 그것을 빨리 앞당기는 데 중요한 역할을 한 것도 분명하다. 이러한 무모한 암살계획 대신에 연 태자 희단이 연의 국력을 기르는 정책을 펴는 정도를 갔다면 오히려 더 낫지 않았을까?

국가의 정책을 책임진 사람은 무엇보다 중요한 임무는 나라가 생존하는 것일 터인데, 그것을 이루려하기 보다는 분노, 의리 같은 감정적인 것을 가지고 정책을 펴나가는 잘못을 저지른 것이다.

《절요》에서는 간략하지만 이 사건을 기록하였고 《강목》에서는 지난해부터 이해까지 벌어진 일을 모두 모아서 한 사건으로 보고 기록하였다. 아마도 이 두 해에 걸쳐서 일어난 사건을 하나의 [강]으로 뽑다보니 어쩔 수 없이 그리 된 것으로 보인다.

아들의 목을 베야 했던 연왕

원문번역

시황제 21년(乙亥, 기원전 226년)

1 겨울, 10월에 왕전이 계(薊 : 연의 도읍, 북경)를 뽑고, 연왕과 태자는 그들의 정예의 병사를 인솔하고 동쪽으로 가서 요동(遼東)을 보위하려 하니 이신(李信)이 이들을 급하게 쫓았다. 대왕(代王) 조가(趙嘉)가 연왕에게 편지를 보내 태자 희단(姬丹)을 죽여서 바치게 하였다. 희단은 연수(衍水, 遼東 지역) 가운데 숨었는데, 연왕이 사신으로 하여금 희단을 참수하게 하여 왕에게 바치고자 하였으나, 왕이 다시 군사를 내보내어 그를 공격하였다.

원문

二十一年

1 冬 十月 王翦拔薊 燕王及太子率其精兵東保遼東 李信急追之. 代王嘉遺燕王書 令殺太子丹以獻 丹匿衍水中 燕王使使斬丹 欲以獻王

王復進兵攻之.

【강목|절요】*

평설

　형가(荊軻)를 고용하여 진왕 영정을 암살하려고 하였던 연나라의 태자 희단의 마지막 결과를 기록한 것이다.

　진나라의 왕전이 연을 공격하여 그 도읍인 계(薊)를 뽑자 연왕과 그 아들 희단이 요하를 넘어 요동으로 도망쳤다. 이때 연과 함께하던 망한 조나라 태자가 세운 대(代)의 왕인 조가가 진의 공격을 멈추는 방법으로 연 태자의 목을 베어 진에 헌상하자고 제안했다.

　진의 공격이 물론 연 태자의 무모한 도전에서 비롯된 것이기는 하지만 단순히 그러한 감정에 의하여 연에 대한 공격이 결정되었다고 본 것이다. 진은 설사 연 태자 희단의 무모한 도전이 없었다고 하여도 결과적으로 언젠가는 연을 공격하여 병탄하려고 했을 것이다. 그런데 우연히 연 태자의 도발이 있었으니 그를 핑곗거리로 삼기에 좋았을 것이다.

　그러므로 조가의 안목 역시 대단히 좁은 것이었고, 또 조가의 말에 따라서 아들인 희단을 죽인 연왕 희희(姬喜)도 안목이

---

* 【강목】 (강) 乙亥 (목) 秦二十一 楚二 燕二十九 魏二 齊三十九 代二年 (강) 冬十月 秦拔薊 燕王走遼東 斬其太子丹以獻於秦 【절요】 燕王斬丹獻王, 王復進兵攻之.

좁기는 마찬가지였다. 적어도 새롭게 질서가 재편되는 변화의 시기에 한 나라의 운명을 책임질 위인이 못되는 것이었다. 결과적으로 아들 단의 목을 베었지만 진의 공격은 그치지 않았고 자신도 포로가 되었으니, 헛되이 자기 손으로 아들을 죽인 우를 범한 것이다.

《절요》와 《강목》에서는 간단하게 이를 서술하였다. 다만 《자치통감》에서는 '欲以獻王 王復進兵攻之'라고 하여 태자 희단의 수급을 진왕 영정에게 바치려고 하는데, 진왕이 다시 진공하였다고 써서 태자 희단의 수급을 바치기 전에 진왕이 공격한 것으로 기록하였다.

그러나 《절요》에서는 '斬丹獻王 王復進兵攻之'라고 하여 연왕이 이미 단의 수급을 헌상하였는데, 진이 공격했다고 기록하였다. 그런데 《강목》에서는 '斬其太子丹以獻於秦'이라고 하여 태자 희단의 수급을 진에 헌상한 것까지만 기록하고 그 후에 진이 계속적으로 연을 공격한 일을 생략하고 있다.

이러한 기록의 원천은 《사기》에서 나온 것이다. 그런데 《사기》에는 '其後李信追丹 丹匿衍水中 燕王乃使使斬太子丹 欲獻之秦'이라고 하여서 연왕이 아들 희단을 목베어가지고 이를 진나라에 헌상하려고 했다고 되어 있다.

따라서 아들 희단의 수급을 실제로 진에 헌상했는지의 결과는 없으니, 《자치통감》은 원자료에 충실했다고 할 수 있다.

낙향하는 진의 장군 왕전

원문번역

2 왕분(王賁, 왕전의 아들)이 초(楚)를 치고 10여 개의 성을 빼앗았다. 왕이 장군 이신에게 물었다.

"나는 형(荊, 楚를 말함)을 빼앗고자 하오. 장군이 헤아려본다면 몇 명을 쓰면 충분하겠소?"

이신이 말하였다.

"20만을 쓰는데 불과할 것입니다."

왕이 왕전에게 물으니, 왕전이 말하였다.

"60만 명이 아니면 할 수 없을 것입니다."

왕이 말하였다.

"왕 장군께서는 늙었군요. 어찌 겁을 내시오?"

드디어 이신·몽념으로 하여금 20만 명을 거느리고 초를 치게 하였더니 왕전이 이어서 병이 들었다고 사과하고 빈양(頻陽, 섬서성 富平縣 ; 왕전의 고향)으로 돌아갔다.

원문

2 王賁伐楚 取十餘城. 王問於將軍李信曰: "吾欲取荊 於將軍度用 幾何人而足?" 李信曰: "不過用二十萬." 王以問王翦 王翦曰: "非 六十萬人不可." 王曰: "王將軍老矣 何怯也!" 遂使李信·蒙恬將 二十萬人伐楚; 王翦因謝病歸頻陽.

【강목|절요】*

평설

진왕 영정은 이제 방향을 남쪽으로 돌려 초(楚)를 공격하려고 하였다. 그런데 영정은 초라는 말 대신에 형(荊)을 빼앗고자 한다고 말하고 있다. 이는 그의 아버지 이인(異人)이 초나라 출신의 화양부인의 아들이 되기 위하여 이름을 자초(子楚)로 바꾸었기 때문에 자기 아버지의 휘(諱)를 피하고자 하여 같은 뜻의 형자를 사용하였을 뿐, 초나라가 형으로 바뀐 것은 아니다.

어쨌거나 영정은 초를 정복하는데 어느 정도의 군사가 필요한지를 여러 장수들에게 물었다. 이때에 이신은 20만 명이면 될 것이라고 대답했다. 그러나 이미 초나라의 10여 개의 성을 빼앗은 왕분의 아버지인 노장 왕전은 60만 명이 필요하다고 대

---

* 【강목】(강) ㅇ秦李信伐楚 (목) 秦王問於李信曰 吾欲取荊 度用幾何人 對曰 不過二十萬 問王翦 翦曰 非六十萬人不可 王曰 將軍老矣 何怯也 乃使信及蒙恬 將二十萬人 伐楚 翦謝病歸頻陽 【절요】ㅇ王問於將軍李信曰:「吾欲取荊, 於將軍度用幾何人而足?」李信曰:「不過用二十萬.」問王翦, 王翦曰:「非六十萬人不可.」曰:「王將軍老矣, 何怯也!」遂使李信·蒙恬將二十萬人伐楚.

답하였다. 사실을 놓고 볼 때에 어느 사람이 정확한 말을 한 것인지를 알 수 없다. 다만 영정은 세 배의 차이가 나는 이 대답을 듣고 왕전을 겁쟁이로 여긴다.

그리고 진왕은 20만 명이면 된다고 대답한 이신과 진나라의 또 다른 장군 몽염에게 20만 명을 주어 초를 정벌하게 한다. 이러한 상황이 되자 왕전은 왕으로부터 채용될 가능성이 없으니 더 이상 왕도에 머물 이유가 없다고 생각하고 병을 이유로 들어 낙향한다.

이신의 말이 맞는지 왕전이 겁쟁이인지는 결과를 가지고 평가할 수밖에 없다. 그러나 만약에 이신의 말이 허풍이었다면 진나라에는 큰 손해를 가지고 올 것이다. 그래서 지도자가 상황을 정확히 판단하고, 이를 해결할 사람을 알아보고, 적재적소에 임명한다는 것은 대단히 중요한 일이다. 그러기 때문에 인사(人事)가 만사(萬事)라는 말이 있는 것이다.

《강목》과 《절요》에서는 이 내용을 거의 다 쓰고 있어서 이 사건은 기록할 만한 것이라 볼 수 있다.

안릉을 지켜낸 안릉군

원문번역

시황제 22년(丙子; 기원전 225년)

1 왕분(王賁)이 위를 치면서, 황하의 도랑물을 끌어서 대량(大梁, 위의 도읍)에 쏟아 댔다. 석 달이 되어 성이 무너졌다. 위왕 위가(魏假)가 항복하자 그를 죽이니 드디어 위는 멸망하였다.
왕이 사람을 시켜서 안릉군(安陵君)에게 말하였다.
"과인(寡人)은 500리의 땅으로 안릉(安陵)을 바꾸고 싶소."
안릉군이 말하였다.
"대왕께서 은혜를 베풀어주셔서 큰 땅을 가지고, 작은 것으로 바꾸자고 하시니 심히 다행입니다. 비록 그렇지만 신이 위(魏)의 먼저 임금으로부터 받은 것이니 바라건대 끝까지 지키겠으며 감히 바꾸지 못하겠습니다."
왕은 의롭다고 여겨서 이를 허락하였다.

위나라 멸망 후 6국도(기원전 225년)

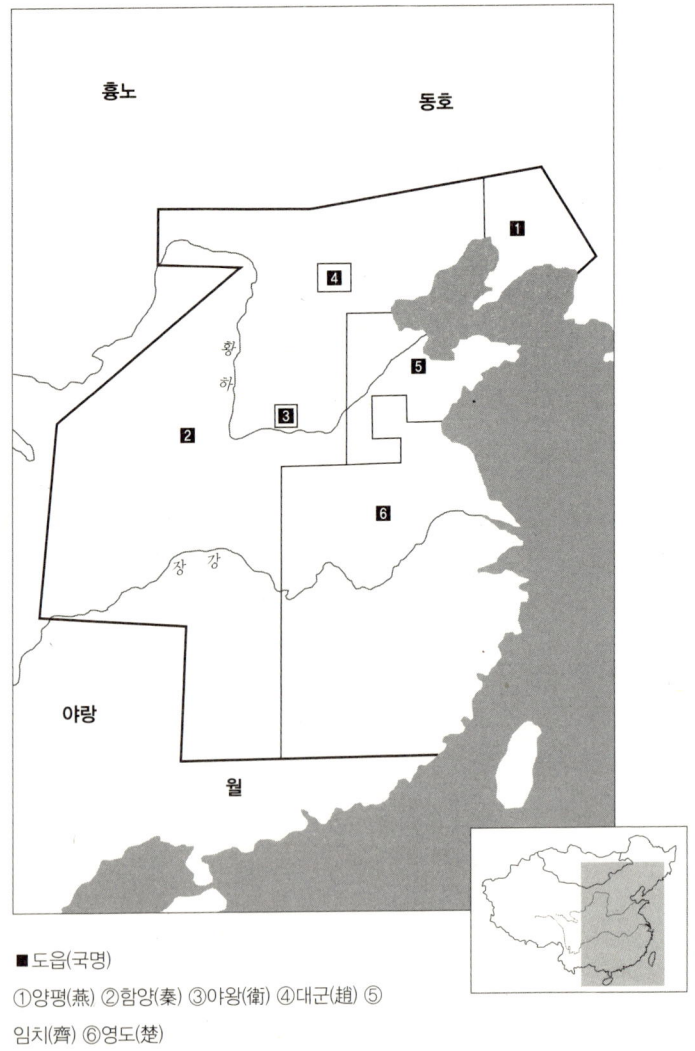

■도읍(국명)
①양평(燕) ②함양(秦) ③야왕(衛) ④대군(趙) ⑤임치(齊) ⑥영도(楚)

원문

二十二年

1 王賁伐魏 引河溝以灌大梁. 三月 城壞. 魏王假降 殺之 遂滅魏. 王使人謂安陵君曰: "寡人欲以五百里地易安陵." 安陵君曰: "大王加惠 以大易小 甚幸, 雖然 臣受地於魏之先王 願終守之 弗敢易!" 王義而許之.

【강목|절요】*

평설

이 기록은 왕전의 아들 왕분이 진나라의 동쪽에 있는 위(魏)를 공격하여 멸망시킨 일이다. 전국7웅 가운데 한과 위가 진나라에 병탄되고 남은 것은 조그만 나라인 위(衛)와 대(代) 그리고 초, 연, 제뿐이었다. 그런데 《자치통감》에서는 진왕과 안릉군의 이야기를 덧붙여 실었다.

안릉(安陵, 하남성 鄢陵縣)은 조그만 성읍으로 보이며 이곳의 책임자는 안릉군이다. 안릉은 위나라와 진나라 중간에 있었는데, 진왕 영정의 아버지인 장양왕 3년에도 안릉의 이야기가 이미 나왔다. 이때에 조나라의 신릉군이 이익을 가지고 안릉군과 안릉사람인 숙고(縮高)를 유혹하였을 때에 의리를 내세워 진에 벼

---

*【강목】(강) 丙子 (목) 秦二十二 楚三 燕三十 魏三 齊四十 代三年○是歲 魏亡 凡五國 (강) 秦王賁伐魏 引河溝以灌其城 魏王假降 殺之 遂滅魏【절요】丙子. 王賁伐魏, 魏王假降, 殺之, 遂滅魏.

슬하고 아들을 불러 오지 않는 태도를 취하였다. 그래서 결국 신릉군은 그 소기의 목적을 달성하지 못하였다.

그런데 이번에는 진왕 영정이 안릉군에게 안릉을 내 놓으면 더 많은 땅을 주겠다고 제의하지만 안릉군은 이번에도 역시 의리를 내세워 이를 거절한다. 그러자 진왕 영정도 안릉군이 의롭다며 더 이상 강하게 밀어붙이지 않았다.

사실 영정이, 안릉군이 의리를 내세우는 것을 좋게 보았다고 되어 있지만 실제로 이렇게 의리를 내세우는 사람은 죽더라도 끝까지 싸울 사람이지 중간에 항복하지 않는다.

이를 그대로 공격한다면 조그만 땅을 확보하기 위하여 너무 커다란 희생을 각오해야 할 형편인 것을 진왕은 알았을 것이다. 그렇다면 오히려 의리를 높이 사는 것처럼 말하고 안릉을 병탄하는 일을 뒤로 미루는 것이 낫다고 판단한 진왕 영정은 대단한 정치력을 가진 사람으로 보아야 한다.

이 사건은 영역을 지키는데 있어서 의리와 태도가 중요함을 말해주는 사건이므로 유가적 덕목을 강조한다면 당연히 중요한 사건으로 선택해야 하지만, 《절요》와 《강목》에서는 이 사건을 모두 생략하였다. 어찌 보면 사건의 내용을 깊이 생각하면서 고른 것이 아닐 수도 있다는 생각을 하게 하는 대목이다.

재물을 탐하는 것처럼 보여야 했던 왕전

원문번역

2 이신이 평여(平興, 하남성 沈丘縣 동남쪽)를 공격하였고, 몽념은 침(寢, 하남성 沈丘縣)을 공격하여 초의 군사를 대파하였다. 이신이 또 언영(鄢郢, 안휘성 壽縣)을 공격하여 이를 깨뜨렸다. 이에 군사를 이끌고 서쪽으로 가서 몽념과 성보(城父, 하남성 寶豊縣)에서 만났다.

초인(楚人)들이 이어서 그들의 뒤를 따라와서 3일 동안 밤낮으로 막사에 머무르지 못하게 하여 이신을 대패시키고, 두 개의 성벽으로 들어가서 일곱 명의 도위(都尉, 군사 책임자)를 죽이니, 이신이 도망하여 돌아왔다.

왕이 이 소식을 듣고 크게 노하고 자신이 빈양(頻陽)에 가서 왕전에게 사과하여 말하였다.

"과인이 장군의 계책을 쓰지 아니하니, 이신이 과연 우리 진의 군사를 욕 되게 하였소. 장군은 비록 병들었으나 다만 과인을 차마 버리기야 하겠소!"

왕전이 사과하였다.

"병이 들어서 거느릴 수 없습니다."

왕이 말하였다.

"그만하시고, 다시는 말하지 마시오."

왕전이 말하였다.

"반드시 부득이하여 신을 쓰시려면 60만 명이 아니면 할 수 없습니다."

왕이 말하였다.

"장군의 계책을 들을 뿐이오."

이에 왕전이 60만 명을 거느리고 초를 쳤다. 왕이 패상까지 나와서 송별하니, 왕전이 좋은 농토와 집을 요구하는 것이 대단히 많았다. 왕이 말하였다.

"장군이 떠나는 마당에 어찌하여 가난할까 걱정을 하고 있소?"

왕전이 말하였다.

"대왕의 장수가 되었지만 공로를 세워도 끝내 후(侯)에 책봉되지 못하였는데, 그러므로 대왕께서 지금 신에게 관심을 가지게 되었으니 농토와 집을 청하여 자손들의 기업을 삼고자 할 뿐입니다."

왕이 크게 웃었다.

왕전이 떠나서 관(關, 무관. 섬서성 상현)에 이르러 사자로 하여금 돌아가게 되면 좋은 농토를 달라고 청하기를 다섯 차례나 하였다. 어떤 사람이 말하였다.

"장군은 재물을 비는 것이 또한 대단히 심하십니다!"

왕전이 말하였다.

"그렇지 않소. 왕은 거칠고 사람을 못 믿는데 이제 나라 안에 있는 갑사를 비워서 오로지 나에게 위탁하였으니, 내가 농토와 집을 많이 청하여 자손들을 위하여 스스로 굳게 하고자 하지 않으면 돌아보건대 왕으로 하여금 앉아서 나를 의심하게 하는 것이오."

원문

2 李信攻平輿 蒙恬攻寢 大破楚軍. 信又攻鄢郢 破之. 於是引兵而西與蒙恬會城父. 楚人因隨之 三日三夜不頓舍 大敗李信 入兩壁 殺七都尉; 李信奔還. 王聞之 大怒 自至頻陽謝王翦曰: "寡人不用將軍謀 李信果辱秦軍. 將軍雖病 獨忍棄寡人乎?" 王翦謝: "病不能將." 王曰: "已矣 勿復言!" 王翦曰: "必不得已用臣 非六十萬人不可!" 王曰: "爲聽將軍計耳." 於是 王翦將六十萬人伐楚. 王送至霸上. 王翦請美田宅甚衆. 王曰: "將軍行矣 何憂貧乎?" 王翦曰: "爲大王將 有功 終不得封侯 故及大王之嚮臣 以請田宅爲子孫業耳." 王大笑. 王翦旣行 至關 使使還請善田者五輩. 或曰: "將軍之乞貸亦已甚矣!" 王翦曰: "不然. 王怚中而不信人 今空國中之甲士而專委於我 我不多請田宅爲子孫業以自堅 顧令王坐而疑我矣."

【강목|절요】*

진의 초 공격로(기원전 225년)

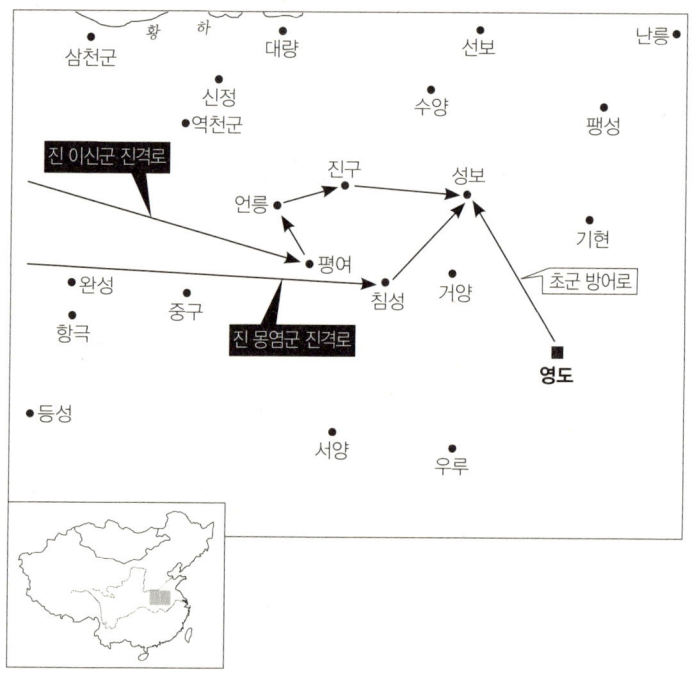

평설

 지난해에 왕전의 건의를 받아들이지 않고 적은 군사로 초를 칠 수 있다고 큰 소리 친 이신에게 초를 정벌하도록 하였으나 이신이 패배하고 말았다. 그래서 진왕 영정은 겁쟁이라고 내쳤던 왕전에게 사과하면서 다시 군사를 거느리고 초를 정벌하라고 간청하였다. 그러자 왕전은 까다로운 조건을 영정에게 제시한다.

 그 조건은 진의 전군 60만 명을 다 동원할 수 있게 해줄 것과 공로를 세운 다음에 많은 재산을 달라는 것이었다. 사정이 급해진 진왕은 이를 허락하였고 결국 왕전은 초를 치러 나갔다. 그런데 왕전은 출정하여서도 아주 자주 진왕 영정에게 많은 재산을 달라고 요구한다. 이러한 왕전의 행동은 단순히 재물을 탐하는 것으로 비칠 수 있는 상황이었다.

 그러나 왕전이 이렇게 한 데에는 진왕이 사람을 믿지 못하고 의심하는 사람이라는 것을 알기 때문이었다. 전방에 나가 있는 자신에 대하여 의심을 품지 않게 하려는 작전이었다. 전군을 지

---

*【강목】(강) 楚人大敗秦軍 李信犇還 秦王翦代之 (목) 李信大敗 楚軍引兵西 與蒙恬會城父 楚人因隨之 三日不頓舍 大敗之 入兩壁 殺七都尉 信犇還 王怒 自至頻陽 謝王翦 彊起之 翦曰 老臣罷病悖亂 大王必不得已用臣 非六十萬人不可 王許之 於是 翦將六十萬人伐楚 王自送至霸上 翦請美田宅甚衆 王曰 將軍行矣 何憂貧 翦曰 為大王將 有功 終不得封侯 故及大王之鄉臣 請田宅為子孫業耳 王大笑 既行 又數使使者歸請之 或曰 將軍之乞貸 亦已甚矣 翦曰 王怚中而不信人 今空國而委我 不有以自堅 顧令王坐而疑我矣【절요】楚人大敗李信, 李信犇還. 王翦曰:「必不得已用臣, 非六十萬人不可!」於是將六十萬人伐楚.

휘하는 왕전에 대하여 진왕이 믿음을 갖지 못하면 싸우기도 전에 진왕에게 죽을 수도 있는 정치적 상황을 간파한 것이다.

그리하여 왕전은 진왕에게 돈 밖에 모르는 위인으로 낙인 찍혀 재물 이상의 더 큰 욕심, 즉 나라를 갖겠다는 욕심이 없는 사람으로 각인시키기 위해 계속해서 재물을 요구한 것이다.

사실 장군은 군사작전을 전문적으로 잘하는 사람이지만 그가 가진 무력이 강하기 때문에 황제로부터 의심을 받아 죽는 경우를 역사에서는 종종 볼 수 있다.

예컨대 경제를 위하여 오초칠국의 난을 성공적으로 평정한 주아부도 그 만년에 경제에게 의심을 받아 죽게 되었는데 그 경우도 이와 같다. 이러한 정치 역학을 아는 왕전은 지혜롭게 자기는 정치적 욕망 같은 것은 없는, 돈 밖에 모르는 하찮은 사람이라는 것을 보여주려고 그러한 태도를 취한 것이다.

생각하기에 따라서 대단히 중요한 이 사건을 《강목》에서는 거의 다 싣고 있는 반면에 《절요》에서는 단 두 둘로 줄였다. 《절요》를 가지고는 왕전의 깊은 뜻을 이해할 수 없을 것이다.

초나라를 멸망시킨 왕전의 작전

원문번역

시황제 23년(丁丑, 기원전 224년)

1 왕전이 진(陳, 하남성 淮陽縣)을 빼앗고 남쪽으로 가서 평여(平輿, 하남성 沈丘縣)에 도착하였다. 초인(楚人)들이 왕전이 군사를 증강시켜서 온다는 말을 듣고 이에 나라 안에 있는 모든 군사를 다 모아서 이를 막았는데, 왕전은 성벽을 굳게 하고 더불어 싸우지 않았다.

초인(楚人)들이 자주 도전하였으나 끝내 나아가지 않았다. 왕전은 매일 무사들을 쉬고 목욕을 하게 하면서 음식을 잘 먹게 하고 그들을 안무하면서 친히 사졸들과 같이 음식을 먹었다.

오랜 되어서 왕전은 사람을 시켜서 물었다.

"군중(軍中)에서 놀이를 하는가?"

대답하였다.

"바야흐로 돌 던지기를 하는데, 거리를 초과합니다."

왕전이 말하였다.

"쓸만하구나."

초는 이미 싸움을 할 수 없게 되자, 군사를 이끌고 동쪽으로 벌써 갔다.

왕전이 그 뒤를 쫓아서 장사들로 하여금 공격을 하게 하니 초의 군사를 대패시켰고 기(蘄, 안휘성 宿縣)의 남쪽에 이르러서 그들 장수 항연(項燕, 항량의 아버지)을 죽이니 초의 군사가 드디어 패주하였다. 왕전은 이어서 이긴 기세를 타고 성읍들을 경략하여 평정하였다.

시황제 24년(戊寅, 기원전 223년)

1 왕전·몽무(蒙武)가 초왕 부추(負芻, 26대)를 포로로 잡고서 그 땅에 초군(楚郡)을 설치하였다.

원문

二十三年

1 王翦取陳以南至平輿. 楚人聞王翦益軍而來 乃悉國中兵以禦之 : 王翦堅壁不與戰. 楚人數挑戰 終不出. 王翦日休士洗沐 而善飮食撫循之 親與士卒同食. 久之 王翦使人問 "軍中戲乎?" 對曰: "方投石·超距." 王翦曰: "可用矣!" 楚旣不得戰 乃引而東. 王翦追之 令壯士擊 大破楚師 至蘄南 殺其將軍項燕 楚師遂敗走. 王翦因乘勝略定城邑.

二十四年

1 王翦·蒙武虜楚王負芻 以其地置楚郡.

【강목|절요】*

평설

진나라의 모든 군사를 다 동원해 가지고 온 왕전이 초나라를 격파시키는 내용이다. 여기에는 왕전의 전술이 빛을 발하고 있다. 자기 군사를 잘 대우하여 군사들 스스로 싸울 마음이 생기게 한 것이다. 그리하여 초나라 군대를 크게 패퇴시키고 그 장수인 항연을 죽인다.

이것으로 전국시대에 7국의 하나였으며 기원전 741년에서 223년까지 519년간 독립된 세력이었던 초나라는 멸망한다. 이때에 초왕은 부추였고, 그가 등극한지 5년 만이었다.

진은 초를 멸망시키고 이 자리에 초군을 두어 군현제를 서서히 시행했다. 그러나 진(秦)의 36군(郡)에는 초군(楚郡)이 없으므로 초군은 이 시기에 잠시 설치하였던 것 같고, 이 지역에는 후에 구강(九江), 장(鄣), 회계(會稽)의 세 군을 두었다.

이때에 초의 장수인 항연이 이후에 초나라에서 들고 일어난 항량의 아버지인 점을 고려한다면 서쪽의 진 세력과 남쪽의 초

---

* 【강목】(강) 丁丑 (목)秦二十三 楚四 燕三十一 齊四十一 代四年 (강) 秦王翦大敗楚軍 殺其將項燕 (목) 王翦取陳以南至平輿 楚人悉國中兵以禦之 翦堅壁不戰 日休士洗沐而善飮食 撫循之 親與士卒同食 久之 問軍中戲乎 對曰 方投石超距 翦曰 可矣 楚旣不得戰 引而東 翦追擊大破之 至蘄南 殺其將軍項燕 楚師遂敗走 翦乘勝畧定城邑 (강) 戊寅 (목) 秦二十四 楚五 燕三十二 齊四十二 代五年○是歲 楚亡凡四國 (강) 秦滅楚虜王負芻置楚郡 【절요】 戊寅 王翦虜楚王負芻, 以其地置楚郡

초나라 멸망 후 5국도(기원전 223년)

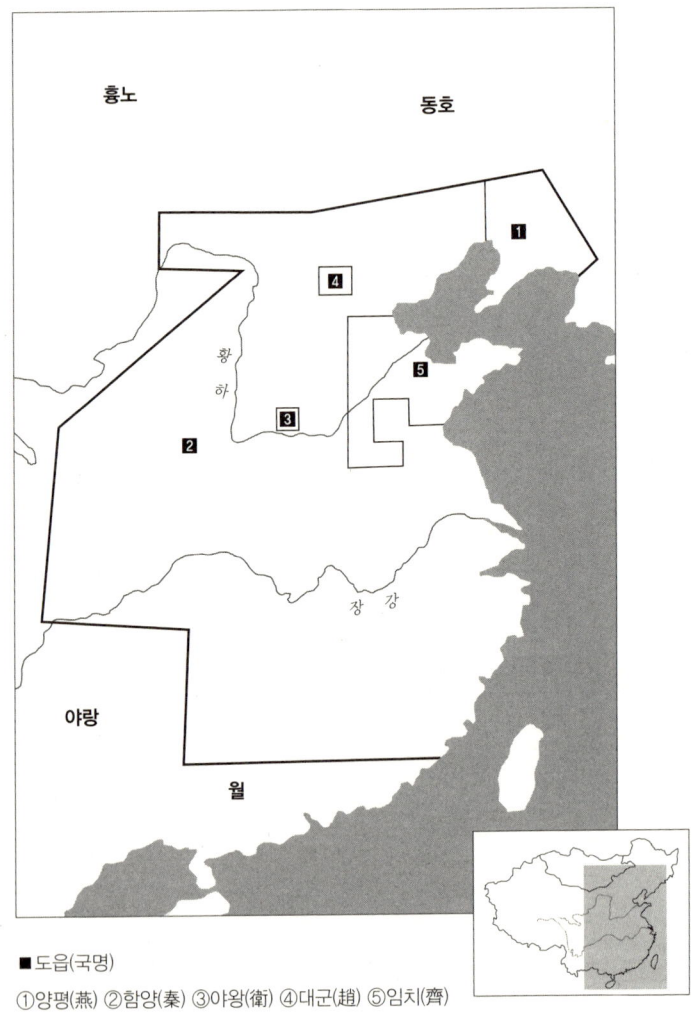

■도읍(국명)
①양평(燕) ②함양(秦) ③야왕(衛) ④대군(趙) ⑤임치(齊)

세력, 즉 서부 세력과 남부 세력이 본격적으로 충돌한 사건으로 보아야 할 것이다. 이러한 대결 형태는 이후로 중국 역사에서 꾸준히 드러나고 있는 현상이다.

이렇게 중요한 사건을 《절요》에서는 초나라가 망하였다는 내용만을 간략에게 기록하고, 진의 장수 가운데 몽무에 관한 기록을 빼고 있어서 후에 진나라에서 몽씨 집안의 역할을 이해하기 쉽지 않게 하고 있다.

또 구체적인 전투 상황에 관한 이 대목은 모두 생략하고 쓰지 않았다. 《강목》에서는 구체적인 내용을 다 기록하고 있어서 《절요》가 많은 부분을 생략하고 있음을 알 수 있다.

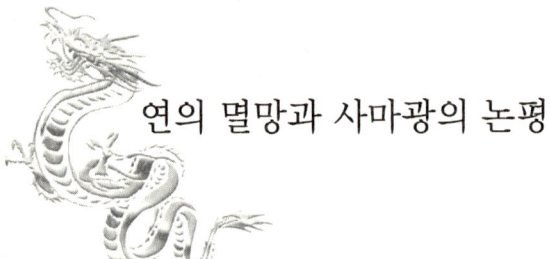

연의 멸망과 사마광의 논평

원문번역

시황제 25년(己卯, 기원전 222년)

1 크게 군사를 일으켜서 왕분(王賁)으로 하여금 요동(遼東)을 공격하게 하여 연왕 희희(姬喜)를 포로로 잡았다.

신 사마광이 말씀드립니다.

연의 희단(姬丹)은 하루아침의 분노를 이기지 못하여 호랑이 같은 진을 범접하였으니, 생각을 가볍게 하고 꾀를 얕게 해가지고 원한에 도전하여 화를 빨리 불렀고, 소공(召公)의 사당에 제사를 지내지 못하게 하고 홀연히 망하였으니, 죄는 어느 것이 큽니까? 평론하는 사람이 혹 말하기를 '똑똑하다.'고 하지만 어찌 지나치지 않습니까?

무릇 국가를 만드는 사람은 재주를 보아서 관직에 임명하고, 예를 가지고 정책을 세우며, 인(仁)을 가지고 백성들을 품으며, 믿음을 가지고 이웃과 사귀는 것인데, 이리하여서 관직에는 그에 맞는 사람을 얻게 되고, 정책에서도 그 절도를 얻게 되며, 백성들은 그의 덕을 품고, 사방의 이웃은 그 의를 가까이 합니다.

무릇 이와 같이 하면 국가가 편안한 것이 반석에 있는 것 같고, 치열하기는 불꽃같아서 이에 저촉되는 자는 부서지고 이를 범하는 자는 타버리니, 비록 강포함을 가진 나라라 해도 오히려 어찌 두려워할 만하겠습니까?

희단은 이것을 풀어놓고도 시행치 않고, 도리어 만승을 가진 나라를 가지고 필부(匹夫)나 갖는 노함으로 결정하고, 도적의 꾀를 시행하였으니, 공은 떨어지고 몸은 죽임을 당하였으며, 사직은 빈 터가 되었으니, 또한 슬프지 아니합니까!

무릇 그가 무릎으로 기고, 엎어져 기는 것이 공손함이 아니며, 다시 한 번 말하고, 거듭 약속하는 것이 믿음이 아니고, 금(金)을 소비하고 옥(玉)을 흩어주는 것이 은혜가 아니고, 목을 베고 배를 가르는 것이 용기가 아닙니다. 요컨대, 꾀가 먼 곳까지 가지 못하고 움직이는 것이 의롭지 못하면 그것은 초의 백공승(白公勝, 아버지 원수를 갚고자 하다가 화가 숙부에까지 이르게 한 사람)과 같은 부류일 것입니다.

형가(荊軻)는 자기를 받아준 사사로움을 마음에 품고 7족(族)을 돌보지 않고 1자8푼의 비수로 연을 강하게 하고 진을 약하게 하려 하였으니 또한 어리석지 아니합니까! 그러므로 양자(揚子)는 이것을 논하여 말하였습니다. '요리(要離, 오왕 합려를 위하여 경기를 찔러 죽인 자객)가 거미로 되어 죽은 것이나, 섭정(聶政, 지백의 원수를 갚고자 한 사람)이 장사가 되어 죽은 것이나, 형가가 자객이 되어 죽은 것은 의롭다고 말할 수 없다.' 또 말하기를 '형가는 군자의 입장에서는 도적이다.'라고 하였으니, 훌륭합니다.

원문

二十五年

1 大興兵 使王賁攻遼東 虜燕王喜.

臣光曰: 燕丹不勝一朝之忿以犯虎狼之秦 輕慮淺謀 挑怨速禍 使召公之廟不祀忽諸 罪孰大焉! 而論者或謂之賢 豈不過哉! 夫爲國家者 任官以才 立政以禮 懷民以仁 交鄰以信 是以官得其人 政得其節 百姓懷其德 四鄰親其義. 夫如是 則國家安如磐石 熾如焱火 觸之者碎 犯之者焦 雖有强暴之國 尙何足畏哉! 丹釋此不爲 顧以萬乘之國 決匹夫之怒 逞盜賊之謀 功隳身戮 社稷爲墟 不亦悲哉! 夫其膝行·蒲伏 非恭也; 復言·重諾 非信也; 麋金·散玉 非惠也 刎首·決腹 非勇也. 要之 謀不遠而動不義 其楚白公勝之流乎! 荊軻懷其豢養之私 不顧七族 欲以尺八匕首强燕而弱秦 不亦愚乎! 故揚子論之 以要離爲蛛蝥之靡 聶政爲壯士之靡 荊軻爲刺客之靡 皆不可謂之義. 又曰: "荊軻 君子盜諸." 善哉!

【강목|절요】*

---

* 【강목】 (강) 己卯 (목) 秦二十五 燕三十三 齊四十三 代六年 ○ 是歲 燕代亡 凡二國 【절요】 己卯 王賁攻遼東, 虜燕王喜 溫公曰: 燕丹不勝一朝之忿, 以犯虎狼之秦, 輕慮淺謀, 挑怨速禍, 使召公之廟不祀忽諸, 罪孰大焉! 而論者或謂之賢, 豈不

평설

 이 기록은 연나라가 진에 망한 기록이다. 이미 연나라는 태자인 희단이 진왕 영정을 죽이려고 자객을 보냈다가 실패한 일만으로도 진의 분노를 샀다. 그리고 조나라가 멸망하자 그 태자가 세운 대와 연합하여 진의 공격을 막으려 했던 것이다. 이 싸움에 나선 진나라 장수는 왕분이었는데, 이때 연왕인 희희가 포로로 잡혔다. 이로써 연나라는 43명의 왕이 800년 동안 이어온 역사를 뒤로 하고 사라진 것이다.

 이러한 상황을 두고 《자치통감》의 찬자인 사마광은 연나라의 태자 희단이 잘못했다는 평론을 하였다. 한마디로 예(禮)와 인(仁) 그리고 신(信)으로 해야 할 일들을 분노를 가지고 했으니 오히려 나라를 더 위태롭게 하였다는 것이다. 아울러 전국시대에 유행하였던 자객을 통하여 문제를 해결하려 했던 모든 사람들을 비판하였다.

 사마광으로서는 그렇게 말할 수 있을지 몰라도 거꾸로 생각해 보면 당시 상황은 태자 희단이 진왕 영정에게 자객을 보내지

過哉！夫爲國家者, 任官以才, 立政以禮, 懷民以仁, 交鄰以信；是以官得其人, 政得其節, 百姓懷其德, 四鄰親其義. 夫如是, 則國家安如磐石, 熾如焱火, 觸之者碎, 犯之者焦, 雖有彊暴之國, 尚何足畏哉！丹釋此不爲, 顧以萬乘之國, 決匹夫之怒, 逞盜賊之謀, 功隳身僇, 社稷爲墟, 不亦悲哉！夫其膝行·蒲伏, 非恭也；復言·重諾·非信也；麋金·散玉, 非惠也；刎頸·決腹, 非勇也. 要之, 謀不遠而動不義, 其楚白公勝之流乎！荊軻懷其豢養之私, 不顧七族, 欲以尺八匕首, 彊燕而弱秦, 不亦愚乎！

연·조나라 멸망 후 3국도(기원전 222년)

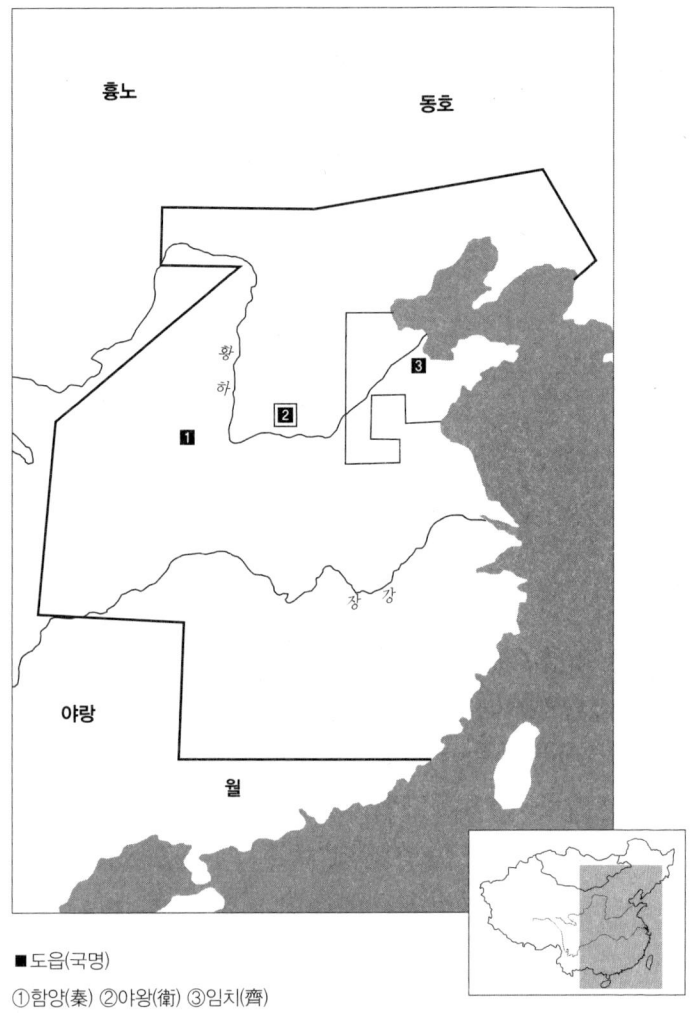

■도읍(국명)
①함양(秦) ②야왕(衛) ③임치(齊)

않았다고 한들 진왕 영정은 이웃을 병탄하려는 계획을 중지하지 않았을 것이다. 그런데 마치 인과 신의 예를 지키지 않아서 진이 이웃을 병탄한 것처럼 평가하는 것은 당시 진과 6국의 상황을 도외시한 평가라고 할 수 있다.

그러나 북송 시기의 유학을 부흥시키려는 시대의 분위기에서 사마광은 이러한 평가를 할 수 밖에 없었을 것이다.

이러한 사마광의 평론을 《절요》에서는 거의 전부를 실었던 것에 비하여 《강목》에서는 기년만 했을 뿐 사마광의 평론은 통째로 빼 버리고 있다. 주자학도의 입장에서는 사마광의 이러한 평론은 중요하게 생각하지 않은 것일 수도 있는 것이다. 다만 이제 남은 것은 제나라 뿐이었다.

6국 통일에 한발 다가선 진나라

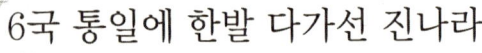

원문번역

2 왕분이 대(代, 하북성 蔚縣)를 공격하여, 대왕 조가(趙嘉, 원래 조나라의 태자)를 포로로 잡았다.

3 왕전이 형(荊, 초 지역)과 강남(江南)의 땅을 모두 평정하고 백월(百越)의 군주(君主)를 항복시키고 회계군(會稽郡)을 설치하였다.

4 5월에 천하에 대포(大酺)를 벌였다.

원문

2 王賁攻代 虜代王嘉.
3 王翦悉定荊·江南地 降百越之君 置會稽郡.
4 五月天下大酺.

【강목|절요】*

---

*【강목】(강) 秦王賁滅燕虜王喜還 滅代虜王嘉 ○ 秦王翦遂定江南 降百越 置會稽郡 ○ 五月天下大酺 【절요】 내용없음

평설

 이 부분은 진이 제나라를 제외한 다른 지역을 모두 멸망시키고 병탄한 것을 기록하였다. 물론 아주 보잘 것 없는 위(衛)가 남아있기는 하지만 조나라의 태자가 세운 대도 없앴고, 또 초가 있던 강남지역을 전부 평정하고 그 자리에 회계군을 두어 군현제를 확대하였다. 그 이남에 있던 백월도 항복을 받았으니 거의 천하가 통일된 셈이었다.

 이는 진나라로서는 대단한 업적인 것이며, 그 때문에 대포를 5일간 하게 하였다. 대포는 사람들이 술을 먹으면 잔치를 열수 있는 것을 허락한 것으로 대단한 경축행사이다. 이러한 진나라의 경축행사를 《절요》와 《강목》에서는 하나도 기록하지 않고 있다. 진의 통일을 바람직 한 것으로 보지 않는 것을 간접적으로 드러낸 것일 수도 있다.

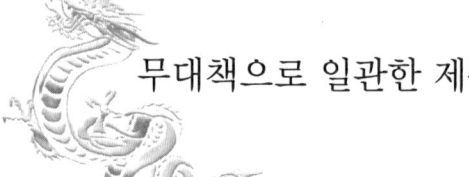

무대책으로 일관한 제왕

원문번역

5 처음에, 제(齊)의 군왕후(君王后)는 현명하여 진을 삼가면서 섬겼고 제후들과도 신의가 있었는데, 제 역시 동쪽으로 나아가서 해상을 국경으로 하였다. 진이 밤낮으로 삼진(三晉 ; 한위조)과 연 그리고 초를 공격하자, 다섯 나라(한, 위, 조, 연, 초)들이 각기 스스로 구원하였으니, 이런 연고로 제왕 전건(田建)은 선 지 40여 년에 군사적 침입을 받지 아니하였다.

군왕후가 또 죽기에 이르자 왕 전건에게 경계하여 말하였다.

"여러 신하 가운데 쓸 만한 사람은 아무개 아무개이다."

왕이 말하였다.

"청컨대 이것을 쓰게 해 주십시오."

군왕후가 말하였다.

"훌륭하다."

왕이 붓을 잡고 말을 받아쓰려고 하니, 군왕후가 말하였다.

"늙은 여편네가 이미 잊었구나."

군왕후는 죽었는데, 후승(后勝)이 제의 재상이 되어 진의 반간들의 금품을 많이 받았다. 빈객들이 진에 들어가니 진에서는 또한 금을 많이 주었다. 빈객들은 모두 반간이 되어 왕에게 진에 조현하기를 권고하고 공격하는 싸움 준비를 하지 않게 하며 다섯 나라가 진을 공격하는 것을 돕지 아니하게 하여 진은 이러한 연고로 다섯 나라(한, 위, 조, 연, 초)를 멸망시킬 수 있었다.

제왕이 장차 들어와 조현하려고 하였는데, 옹문(雍門, 제 城門) 사마(司馬)가 앞에 나와서 말하였다.

"왕이라는 사람을 세워놓은 것은 사직을 위하여서입니까? 왕을 위하여서입니까?"

왕이 말하였다.

"사직을 위하여서이다."

사마가 말하였다.

"사직을 위하여 왕을 세운 것이라면 왕께서는 어찌하여 사직을 버리고 진으로 들어가십니까?"

제왕이 수레를 돌려서 돌아왔다.

즉묵대부(卽墨大夫)가 이 소식을 듣고, 제왕을 알현하고 말하였다.

"제의 땅은 사방으로 수천 리이고, 갑옷을 입은 군사는 수백만 명입니다. 무릇 삼진(三晉 = 韓, 魏, 趙)의 대부들이 모두 진을 불편하게 생각하고, 아(阿, 산동성 谷陽縣)와 견(甄, 산동성 濮縣) 사이에 있는 사람이 수백 명이니, 왕께서 이들을 모아서 이들에게 백만 명의 무리를 주어 삼진의 옛 터전을 접수하게 한다면 바로 임진(臨晉, 섬서성 朝邑縣)의 관문(關門)으로 들어갈 수가 있습니다.

언영(鄢郢, 초의 도읍지인 지금의 안휘성 수현)의 대부들도 진이 되지 않으려고 성의 남쪽에 와있는 사람이 백여 명이니 왕께서 이들도 모아서 이들에게 백만의 군사를 주어 초의 옛날 땅을 접수하게 한다면 바로 무관(武關, 섬서성 상현의 경계 지역에 있는 관문)으로 들어갈 수가 있습니다. 이와 같이 한다면 제의 위엄은 설 수 있으며 진은 망할 수가 있는데 어찌하여 겨우 국가만을 보위할 뿐이겠습니까?"

제왕이 듣지 않았다.

원문

5 初 齊君王后賢 事秦謹 與諸侯信; 齊亦東邊海上. 秦日夜攻三晉·燕·楚 五國各自救 以故齊王建立四十餘年不受兵. 及君王后且死 戒王建曰: "羣臣之可用者某." 王曰: "請書之." 君王后曰: "善!" 王取筆牘受言 君王后曰: "老婦已忘矣." 君王后死 后勝相齊 多受秦間金. 賓客入秦 秦又多與金. 客皆爲反間 勸王朝秦 不脩攻戰之備 不助五國攻秦 秦以故得滅五國.

齊王將入朝 雍門司馬前曰: "所爲立王者 爲社稷耶 爲王耶?" 王曰: "爲社稷." 司馬曰: "爲社稷立王 王何以去社稷而入秦?" 齊王

還車而反.

　即墨大夫聞之 見齊王曰: "齊地方數千里 帶甲數百萬. 夫三晉大夫皆不便秦 而在阿·甄之間者百數; 王收而與之百萬人之衆 使收三晉之故地 即臨晉之關可以入矣. 鄢郢大夫不欲爲秦 而在城南下者百數 王收而與之百萬之師 使收楚故地 即武關可以入矣. 如此 則齊威可立 秦國可亡 豈特保其國家而已哉!" 齊王不聽.

【강목|절요】*

평설

　이 내용은 제(齊)가 멸망하기 전의 상황을 서술한 것이다. 제나라는 계속하여 이웃을 병탄하는 진(秦)과는 가장 멀리 떨어져 있는 동부지역의 최강자였다. 그러나 이제 전국시대의 강자로 알려진 7개 나라 가운데 진(秦) 이외에 남은 나라는 오직 제(齊)뿐이었다.

　사실 제가 이렇게 오래 버틸 수 있었던 이유는 가장 동쪽에 위치한다는 지리적 조건만은 아니었다. 오히려 제의 왕태후인 태사 교(敫)의 딸이며, 양왕(襄王)의 왕후인 군왕후의 도움으로 정치를 잘했기 때문이었다. 그녀는 복잡한 당시의 국제정세 속에서도 제후들과의 외교 관계를 원활하게 이끌었고, 더욱 동진

---

*【강목】內容없음【절요】初, 齊事秦謹, 與諸侯信; 齊亦東邊海上,秦日夜攻三晉·燕·楚, 五國各自救, 以故齊王建立四十餘年不受兵. 後齊相及賓客, 多受秦間金,勸王朝秦, 不修攻戰之備, 不助五國攻秦, 秦以故得滅五國.

하여 그 서쪽에 있는 나라들과 대립관계를 유지하지 않으면서도 그 영역을 넓혀나갔다.

물론 여기에는 진의 국가 정책이 제를 편안하게 해준 면이 있었다. 진은 근교원공 정책으로 유지하다가 진의 소양왕 때에 범수(范雎)의 건의에 따라 근공원교(近攻遠交) 정책으로 국가 정책을 바꾸었다.

그 때문에 진에서 가장 멀리 떨어져 있는 제는 진의 공격을 받지 않을 수가 있었다. 그렇다고 해서 진이 먼 나라를 영원히 공격하지 않겠다는 것이 아니었다. 그럼에도 제에서는 이를 제대로 파악하지 못하고 그렇게 40여 년간을 지내왔던 것이다.

그런데 이제 진이 다른 다섯 나라를 다 멸망시키었는데도 제나라는 이를 남의 일처럼 생각하고 어려움에 처한 다른 나라를 구원하지 않았다. 여기에는 또 진나라가 꾸준히 간첩을 제로 보내 진나라로부터 공격받는 나라를 돕지 못하도록 방해하였던 면도 있었다.

그 막바지에 이르러서는 진의 세력이 한·위·조·초·연을 다 멸망시켰으니, 제로서는 진에 감히 대항하겠다는 말을 하기가 어려웠다. 이 위에 진나라의 간첩들은 제나라가 살아남기 위해서는 제왕이 직접 들어가서 진왕을 조현하는 방법 뿐이 없다며 이를 권고했다. 이 말에 따라 진왕에게 조현하려고 하자 옹문사마가 반대했고 결국 진에 대한 조현을 포기하고 돌아왔다.

그 다음에 즉묵대부가 와서 진에게 멸망한 5국 지역에 남아 있는 대부들이 진에 반격을 하려고 하니 이를 강력하게 추진하라고 권고 하였지만 이 또한 듣지 않았다. 비록 전국7웅 가운데 다섯 나라의 제후왕은 망했지만 그 밑에 있던 대부들은 건재했던 상황을 간과한 것이다. 우유부단한 제왕 전건(田建)은 어느 정책도 수용하지 못하고 수수방관하는 상태에 들어가고 말았다. 이것이 제나라가 멸망직전의 상황이었다.

이것은 한 나라의 운명을 가늠할 수 있는 중요한 사건이다. 그럼에도 《절요》에서는 이 내용의 절반 정도만 실었으며, 《강목》에서는 여기서는 전부 생략했다가 제가 완전히 멸망한 다음에 이를 모두 〔목〕에 넣어 두고 있다.

그러므로 《절요》만 가지고는 이 중요한 제나라 멸망 원인을 알기 어렵게 되었고, 《강목》에서는 앞의 진 시황 25년에 일어난 사건까지 26년에 기록하는 필법상의 문제를 낳고 있다.

제나라의 최후와 진의 통일

원문번역

시황제(始皇帝) 26년(庚辰, 기원전 221년)

1 왕분이 연의 남쪽에서부터 제를 공격하다가 갑자기 임치(臨淄; 제의 도읍, 산동성 임치현)로 쳐들어가니 백성들 가운데는 감히 싸우려는 사람이 없었다.

진은 사람을 시켜서 제왕을 유혹하여 500리의 땅으로 책봉하겠다고 약속하였다. 제왕이 드디어 항복하니 진은 그를 공(共, 하남성 輝縣)으로 옮겨다놓고 소나무와 측백나무 사이에 방치해 버리니 굶어 죽었다.

제인(齊人)들은 왕 전건이 일찍이 제후들과 합종하지 않고 간사한 사람과 빈객의 말을 듣고 그 나라를 망쳤다고 원망하며 노래를 불러 말하였다.

"소나무야. 측백나무야. 전건을 공(共)에 살게 한 빈객(賓客)들아!"

전건이 빈객을 채용하면서 상세하지 못함을 나무란 것이다.

신 사마광이 말씀드립니다.

종횡의 설은 비록 반복되었고, 백 가지의 실마리가 있었지만 그러나 대체적인 요점은 합종이란 것은 6국에게 이익이었습니다. 옛날에 선왕(先王)께서는 만국을 세우고, 제후들을 가까이 하고; 그들로 하여금 조빙(朝聘)하면서 서로 사귀게 하고 향연을 베풀며 서로 즐기라고 하였으며, 회맹(會盟)으로 서로 관계를 맺도록 한 것은 다른 것이 아니고 그 마음을 함께 하고 힘을 다하여 집안과 나라를 보존하게 하고자 한 것입니다.

가령 6국으로 하여금 능히 신의를 가지고 서로 친하게 할 수 있었다면 진이 비록 강포하다고 하여도 어찌 그들을 망하게 할 수 있었겠습니까? 무릇 삼진(三晉)이란 것은 제와 초의 울타리가 되어서 가려주었고, 제와 초라는 것은 삼진의 뿌리이니, 형세는 서로 돕게 되어 있고, 겉과 속이 서로 의지하게 되어 있었습니다.

그러므로 삼진이 제와 초를 공격하는 것은 스스로 그 뿌리를 자르는 것이었고, 제와 초가 삼진을 공격하는 것은 스스로 그 가려주는 울타리를 없애버리는 것이었습니다. 어찌 그 가려주는 울타리를 없애버리고 도적에게 눈웃음을 치면서 말하기를 "도적은 장차 나를 사랑할 것이니 공격하지 않는다."라고 하였으니 어찌 패역한 것이 아니겠습니까!

원문

二十六年

1 王賁自燕南攻齊 猝入臨淄 民莫敢格者. 秦使人誘齊王 約封以五百里之地. 齊王遂降 秦遷之共 處之松柏之間 餓而死. 齊人怨王建不早與諸侯合從 聽姦人賓客以亡其國 歌之曰: "松耶 柏耶! 住建共者客耶!" 疾建用客之不詳也.

臣光曰: 從衡之說雖反覆百端 然大要合從者 六國之利也. 昔先王建萬國 親諸侯 使之朝聘以相交 饗宴以相樂 會盟以相結者 無他 欲其同心戮力以保家國也. 曏使六國能以信義相親 則秦雖強暴 安得而亡之哉! 夫三晉者 齊·楚之藩蔽 齊·楚者三晉之根柢; 形勢相資 表裏相依. 故以三晉而攻齊·楚 自絶其根柢也; 以齊·楚而攻三晉 自撤其藩蔽也. 安有撤其藩蔽以媚盜 曰: "盜將愛我而不攻" 豈不悖哉!

【강목|절요】*

---

* 【강목】 (강) 庚辰 秦始皇帝二十六年 王賁襲 齊王建降 遂滅齊 (목) 初 齊君王后事秦謹 與諸侯信 齊亦東邊海上 秦日夜攻五國 五國各自救 以故王建立四十餘年不受兵 君王后且死 戒建曰 羣臣之可用者某 王取筆牘受言 后曰 已忘之矣 君王后死 后勝相齊 與賓客多受秦間金 勸王朝秦 不修戰備 不助五國攻秦 秦以故得滅五國 齊王將入秦 雍門司馬前曰 所為立王者 為社稷邪 王曰 為社稷 司馬曰 為社稷而立王 則王何以去社稷而入秦 王乃還 即墨大夫聞之 見王曰 齊地方數千里 帶甲數百萬 今三晉大夫不便秦 而在阿·鄄之間者百數 王收而與之數萬之衆 使收晉故地 即臨晉之關可入矣 鄢郢大夫不欲為秦 而在城南下者百數 王收而與之數萬之衆 使收楚故地 即武關可入矣 如此 則秦威可立 秦國可亡 豈特保其國家而已哉 王不聽 至是 王賁自燕南攻齊 猝入臨淄 民莫敢格者 建遂降秦 遷之共 處之松栢之間 餓而死 齊人怨建聽姦人賓客 不蚤與諸侯合從 以亡其國歌之曰 松邪 栢邪 住建共者客邪 疾建用客之不詳也 司馬公曰 從衡之說 雖反覆百端 然合從者六國之利也 曏使六國能以信義

평설

  진왕 영정이 등극하고 26년이 되는 해에 전국7웅 가운데 맨 마지막으로 남아 있는 제나라가 멸망하는 기록이다.

  진은 수수방관적 자세로 있는 제왕 전건에게 500리의 땅을 주며 제후로 삼겠다고 유혹한다. 어린애같이 판단력이 없는 전건은 이를 수용하였다가 결국 아사하고 만다. 전체적으로 제나라가 망한 이유는 전체국면을 읽지 못한 단견에 있었다. 결코 망하지 않을 수 있는 조건을 가지고도 망해버린 것이다.

  이 문제에 관하여 사마광은 합종책은 6국이 단결하여 진을 막을 수 있는 전략이라는 점을 강조한다. 그런데 6국은 이를 겉으로만 수용하고 실제로 자국에 직접 피해가 없다면 협조하는 일에 소극적이었고 그러한 약점 때문에 진의 동진을 막을 수가 없었다고 평가한다. 국제연합의 어려움을 눈에 보는 듯한 평론이다.

  이러한 점에서 사마광의 평론은 《절요》와 《강목》에서 모두

相結 則秦雖彊暴 烏得而亡之哉 蓋以三晉而攻齊楚 是自絶其根柢也 以齊楚而攻三晉 是自撤其藩蔽也 烏有撤其藩蔽以媚盜 曰盜將愛我而不攻 豈不悖哉【절요】始皇帝下 庚辰 二十六年. 王賁自燕南攻齊, 猝入臨淄, 民莫敢格者. 秦使人誘齊王, 約封以五百里之地, 齊王遂降, 秦置之共, 處之松栢之間, 餓而死. 溫公曰 : 從衡之說雖反覆百端, 然大要合從者, 六國之利也. 昔先王建萬國, 親諸侯, 使之朝聘以相交, 饗宴以相樂, 會盟以相結者, 無他, 欲其同心戮力以保家國也. 鄕使六國能以信義相親, 則秦雖彊暴, 安得而亡之哉 ! 夫三晉者, 齊·楚之藩蔽 ; 齊·楚者, 三晉之根柢 ; 形勢相資, 表裏相依. 故以三晉而攻齊·楚, 自絶其根柢也. 以齊·楚而攻三晉, 自撤其藩蔽也. 安有撤其藩蔽以媚盜. 曰 : 「盜將愛我而不攻.」, 豈不悖哉 !

싣고 있다. 《자치통감》에서는 민간에서 제왕 전건의 어리석음을 비웃고 안타까워하는 노래를 불렀다고 적고 있다. 많은 공부를 하지 않은 민간인들도 볼 수 있는 역사의 진행을 정치를 한다는 전문가들이 각자 자기의 이해로 문제를 보았기 때문에 큰 일을 그르치게 하였음도 알 수 있다. 평심으로 돌아가 먼 안목으로 본다면 역사의 미래는 보인다고 할 수도 있다.

또 《강목》에서 두드러진 점은 이해부터 〔강〕에 '진 시황제 26년'으로 기록하여 기년에서 열국(列國) 형식을 버린 것이다.

그동안에는 전국시대부터 진과 병렬하였던 제후국 가운데 지난해에 연과 대가 멸망하였고, 이해에 마지막으로 제가 진에게 멸망하였기 때문에 더 이상 열국형태를 취할 수 없었기 때문이다. 물론 전국시대부터 있던 위(衛)나라는 향후 12년이나 더 지난 다음에 멸망하지만 그 세력이 워낙 미미하여 이를 무시한 것으로 보인다.

그래서 《강목》의 입장에서는 진을 정통 왕조로 본 것은 아니고 윤통(閏統)으로 보고 있다.

새 역사를 쓴 시황제

원문번역

2 왕이 처음으로 천하를 병탄하자 스스로 덕은 삼황(三皇, 伏羲, 神農, 燧人)을 겸하였고, 공로는 오제(五帝, 少昊, 顓頊, 高辛, 唐堯, 虞舜)를 능가하였다고 여겨서 마침내 호칭을 바꾸어 '황제(皇帝)'라고 하고, '명(命)'을 '제(制)'로 하고, '령(令)'을 '조(詔)'라며, 스스로를 칭하여서는 '짐(朕)'이라고 하였다. 장양왕(莊襄王 ; 진 시황의 아버지)을 추존(追尊)하여 태상황(太上皇)이라고 하였다.

제(制)하여 말하였다.

"죽고 나서 행적을 가지고 시(諡)를 만든다면 이는 아들이 아버지를 논의하는 것이며 신하가 임금을 논의하는 것이니 아주 말이 안 된다. 지금부터는 시법(諡法)을 없앤다. 짐은 시황제(始皇帝)이고 후세에는 수를 계산하여 2세·3세 하여 만세에 이르는데, 이를 무궁하게 전할 것이다."

3 처음에, 제의 위왕(威王)과 선왕(宣王) 때 추연(鄒衍)이 종시오덕(終始五德)의 운(運)을 논저하였는데, 시황제가 천하를 병탄하게

되자 제인(齊人)이 이를 상주하였다.

시황제는 그 설을 채용하여 보고, 주(周)는 화덕(火德)을 얻었다고 생각하고, 진은 주를 대신하였으므로 이기지 못할 바를 좇아서 수덕(水德)으로 하였다. 비로소 연대를 고쳐서 조회(朝會)와 하례를 모두 10월 초하루부터 하도록 하고 의복, 정모(旌旄), 절기(節旗)는 모두 검은색을 숭상하게 하였고, 숫자도 6을 단위로 하였다.

원문

2 王初幷天下 自以爲德兼三皇 功過五帝 乃更號曰"皇帝" 命爲"制" 令爲"詔" 自稱曰: "朕." 追尊莊襄王爲太上皇. 制曰: "死而以行爲諡 則是子議父 臣議君也 甚無謂. 自今以來 除諡法. 朕爲始皇帝 後世以計數 二世·三世至于萬世 傳之無窮."

3 初 齊威·宣之時 鄒衍論著終始五德之運; 及始皇幷天下 齊人奏之. 始皇采用其說 以爲周得火德 秦代周 從所不勝 爲水德. 始改年 朝賀皆自十月朔; 衣服·旌旄·節旗皆尙黑 數以六爲紀.

【강목|절요】*

---

* 【강목】 (강) 王初幷天下 更號皇帝 (목) 王初幷天下自以為德兼三皇功過五帝乃更號曰皇帝命為制 令為詔 自稱曰朕 追尊莊襄王為太上皇 胡氏曰 古之聖人應時稱號 非帝貶於皇 王貶扵帝也 後世不知此義遂以皇帝自居 而以王封其臣子 失之甚矣 王之為名 繼天撫世之謂 曾是而可使臣子稱之乎 孔子作春秋 尊周立號 繫王於天 其禮隆矣 有天下者 以是為法 而列爵自公以降 則名正言順百世 以俟而不惑矣 (강) 除諡法 (목) 制曰 死而以行為諡 則是子議父 臣議君也 甚無謂 自今以來 除諡法 朕為始

평설

이 부분은 진왕 영정이 6국을 다 멸망시킨 후 자신이 처음으로 천하를 통일하였다고 생각하고 그에 걸맞는 제도를 만들어 가고 있는 것을 기술하고 있다.

먼저 조치한 것은 호칭의 변경이었다. 전에는 최고의 통치자를 왕으로 불렀으나, 이후로는 황제로 고치고 그외에 명령을 제·조(制·詔)로 고친 것이다. 이로써 황제라는 용어가 처음으로 등장하게 된다.

또 한 가지는 죽은 사람에 대한 평가를 통하여 시호를 붙이는 제도를 없앴다. 이유는 죽은 다음에 평가한다면 평가하는 사람은 죽은 사람의 아들이거나 신하일 터인데, 어떻게 아들이나 신하가 아버지나 군주를 평가할 수 있느냐는 것이었다.

다만 황제는 시황제에서 시작하여 2세 황제, 3세 황제로 이어져서 그 세수(世數)로 구별 지을 뿐 평가된 결론으로 호칭하지

皇帝 後世以計數 二世三世至于萬世 傳之無窮〈胡氏曰〉子議父 臣議君 而非其禮 罪不容誅矣 考德行之實 而天以誅之 臣子亦安得而私之哉 然後世諡法 雖存而公道 不暢爲臣子者 往往加美諡於君 規使死受所不當 得取世訕笑 則又不若不諡之 爲愈 矣 (강) 定爲水德 以十月爲歲首 (목) 初 齊人鄒衍論著終始五德之運 始皇采用其說 以爲周得火德 秦代周 從所不勝 爲水德 始改年 朝賀皆自十月朔 衣服·旌旄·節旗 皆尙黑 數以六爲紀以水德之始剛毅戾深事 皆決於法 刻削毋仁恩和義 然後合於 五德之數 於是急於法 久不赦【절요】王初幷天下, 自以爲德兼三皇, 功過五帝, 乃 更號曰「皇帝, 命爲「制」, 令爲「詔」, 自今以來, 除諡法.朕爲始皇帝, 後世以計數, 二 世·三世至于萬世, 傳之無窮.」 ○ 初, 齊威·宣之時, 鄒衍論著終始五德之運 ; 及始 皇幷天下, 齊人奏之.始皇采用其說, 以爲周得火德, 秦代周, 從所不勝, 爲水德.始改 年, 朝賀皆自十月朔 ; 衣服·旌旄·節旗皆尙黑 ; 數以六爲紀.

않는다는 것이었다. 일견 타당한 논리인 것 같으나 이것은 역사적 평가를 할 수 없도록 한 것이다.

물론 이러한 영정의 개혁은 후대에 그대로 존속하는 것도 있고, 사용되지 못하는 것도 있다. 그 가운데 존속되는 것은 황제, 제, 조와 같은 것이며, 시호는 영정의 결정대로 되지 않았다.

다음으로 중요한 결정은 진 왕조의 성격을 결정한 것이었다. 진 시황제는 역사의 흐름은 오덕의 변환순서에 의하여 진행되는 것으로 보면서 진은 화(火)를 숭상하는 주(周)를 대신한 것이므로 화 다음에 나타나는 수(水)에 해당된다고 보았다. 즉 물이 불을 이긴 결과라는 것이다.

따라서 진에서는 이 수덕이 원만하고 오래 지속되게 하기 위하여 1년의 시작, 의복 등의 색깔, 그리고 숭상하는 숫자에 이르기까지 모두 수(水)와 관련된 것으로 정하였다. 그리하여 1년의 시작은 10월이고, 색깔은 검은 색을, 숫자는 6을 숭상하게 하였다. 이러한 모든 것은 진왕 영정이 스스로를 시황제라고 하면서 새롭게 시작하면서 정한 것이다.

《절요》에는 이를 간략하게 기술하였고 《강목》도 기술하였으나 특히 《강목》에서는 남송시대의 호씨(胡氏)의 말을 〔목〕에 덧붙이고 있다. 호씨란 호굉(胡宏, 1105~1161)을 가리키는 말로 호굉은 복건사람으로 남송시대의 성리학자인 아버지 호안국(胡安國, 1074~1138)에게서 성리학을 공부하였다.

그리하여 그의 아버지 호안국과 호굉을 함께하여 호상학파(湖湘學派)로 불린다. 호굉의 말을 덧붙여 〔목〕으로 잡은 것은 주희가 《강목》에 호안국과 호굉의 논리에 적극 찬성하였기 때문인 것으로 보인다.

새 제도 군현제의 실시

원문번역

4 승상 왕관(王綰)이 말하였다.

"연·제·형의 땅은 먼 곳에 있으므로 왕을 두지 않으면 이를 눌러 지킬 수 없습니다. 청컨대 여러 아들을 세우십시오."

시황제가 내려 보내서 그것을 의논하게 하였더니 정위(廷尉) 이사(李斯)가 말하였다.

"주의 문왕과 무왕이 책봉한 바는 자제와 동성(同姓)들이 아주 많았지만 그런 다음에 소원하게 되어 서로 공격하기를 마치 원수 같이 하였으나, 주의 천자는 금지시킬 수가 없었습니다. 이제 사해의 안에서는 폐하의 신령스러움에 의지하여 하나로 합쳤으니 모두 군(郡)·현(縣)으로 만들고, 여러 아들들과 공신들은 공적인 부세(賦稅)를 가지고 이들에게 많은 상을 내려주시면 아주 충분하고 쉽게 통제하게 되어 천하에는 다른 뜻이 없게 될 것이니, 안녕을 지키는 술책입니다. 제후를 두는 것은 편하지 못합니다."

시황제가 말하였다.

"천하가 다 함께 전투하고 쉬지 못한 것은 후왕(侯王, 제후왕)이 있었음으로 해서이다. 종묘에 의지하여 천하가 처음 안정되었는데, 또다시 나라를 세운다면 이는 군사를 심어놓는 것이니, 그러고 그들이 편안하게 쉬기를 구한다면 어찌 어렵지 않겠는가? 정위가 논의한 것이 옳다."

천하를 나누어 36개 군으로 하고 군에는 수(守)·위(尉)·감(監)을 두었다.

천하의 병기를 함양에 모아다가 녹여서 종거(鐘鐻, 종을 걸어 두는 얼개)와 금인(金人) 12개를 만들었는데, 무게는 각기 1천 석(石)이며, 궁의 뜰 가운데에다 두었다. 도(度)·형(衡)·석(石)·장척(丈尺)도 하나의 법으로 하였다. 천하의 호걸 12만 호(戶)를 함양으로 이사시켰다.

여러 묘(廟, 사당)와 장대(章臺), 그리고 상림(上林, 황제의 정원)은 모두 위수(渭水)의 남쪽에 두었다. 제후들을 깨뜨릴 때마다 그 궁실을 모방하여 그렸다가 이를 함양의 북판(北阪, 북쪽 기슭)에다 만들고, 남쪽으로는 위수(渭水)에 다다르게 하고 옹문(雍門, 섬서성 高陵縣 경계 지역)의 동쪽에서부터 경수(涇水)와 위수에 이르게 하였으며, 전옥(殿屋)·복도(復道)·주각(周閣)이 서로 이어지게 하고 얻은 제후들의 미인과 종고(鐘鼓)를 그 안에 채워 넣었다.

원문

4 丞相綰言: "燕·齊·荊地遠 不爲置王 無以鎭之 請立諸子" 始皇下 其議 廷尉斯曰: "周文武所封子弟同姓甚衆 然後屬疏遠 相攻擊如 仇讐 周天子弗能禁止 今海內賴陛下神靈一統 皆爲郡·縣諸子功臣 以公賦稅重賞賜之 甚足易制 天下無異意 則安寧之術也. 置諸侯不 便" 始皇曰: "天下共苦戰鬪不休 以有侯王 賴宗廟 天下初定 又復 立國 是樹兵也; 而求其寧息 豈不難哉! 廷尉議是" 分天下爲三十六 郡 郡置守·尉·監 收天下兵聚咸陽 銷以爲鐘鐻·金人十二 重各千石 置宮庭中 一法度·衡·石·丈尺. 徙天下豪桀於咸陽十二萬戶 諸廟及 章臺·上林皆在渭南. 每破諸侯 寫放其宮室 作之咸陽北阪上 南臨 渭 自雍門以東至涇·渭 殿屋·複道·周閣相屬 所得諸侯美人·鐘鼓以 充入之.

【강목|절요】*

---

*【강목】(강) 分天下為三十六郡 銷兵器 一法度 徙豪傑於咸陽 (목) 丞相綰等言 燕·齊·荊地遠 請立諸子為王以鎭之 始皇下其議 廷尉斯曰 周封子弟同姓甚衆 然後 屬疏遠 相攻擊如仇讐 天子弗能禁 今海內賴陛下神靈一統 皆為郡·縣諸子功臣以 公稅賦重賞賜之 甚足易制 天下無異意 則安寧之術也 置諸侯不便 始皇曰 天下共苦戰 鬪不休 以有侯王 賴宗廟 天下初定 又復立國 是樹兵也 而求其寧息 豈不難哉 廷尉 議是 分天下為三十六郡 郡置守·尉·監 收天下兵銷以為鐘鐻·金人 置宮庭中 一法 度·衡·石·丈尺 徙天下豪傑扵咸陽十二萬戶〈胡氏曰〉聖人理天下 以萬物各得其所 為極至 封建也者 帝王所以順天理承天心公天下之大端 大本也 郡縣也者 覇世暴主 之所以縱人慾 悖天道私一身之大孼大賊也 分天下有德有功者以地 而不敢以天下 自私 於是 有百里·七十里·五十里 不能五十里邦國之制焉 於是 有君朝卿大聘大夫 小聘 王巡狩侯述職之禮樂法度焉 於是有千雉百雉 三之一 五之一 高城深池焉 扵是 有井邑丘甸縣都之夫數焉 於是 有十乘·百乘·千乘·萬乘之車數焉 於是 有伍兩卒旅 師軍之制焉 扵是 有鄉大夫·司徒·樂正取士之法焉 邦國之制廢而郡縣之制作矣 郡

평설

이 부분은 진 시황제가 천하를 통일한 다음에 이를 어떻게 통치할 것인가를 논의하고, 봉건제를 버리고 군현제를 채택하게 된 사실을 기록한 것이다. 물론 이때에도 왕관 같은 사람은 주나라처럼 봉건제를 부활시킬 것을 건의하였지만 이사(李斯)는 이를 적극적으로 반대하여 군현제를 사용할 것을 주장하였다.

봉건제는 제후를 두고 그 제후에게 봉토를 준 다음에 제후로 하여금 각 지역을 담당하게 하면서 최대한 자율권을 주는 제도

縣之制作而世襲之制亡矣 世襲之制亡而數易之弊生矣 數易之弊生而民無定志矣 巡狩述職之禮廢 則上下之情不通 考文案而不究事實 信文案而不信仁賢 其弊有不可勝言者矣 城池之制廢 而禁禦暴客威服四夷之法亡矣 夫家之法廢而民數不可詳矣 民數不可詳而車乘不可出矣 車乘不可出而軍師不隱於農矣 軍師不隱於農 坐食者衆而公私困窮矣 世儒不知王政之本 反以仁秦爲可法 所謂明君良臣者 亦未免以天下自私 無意於裁成輔相使萬物各得其所 所以歷千五百餘歲未有能復之者也 聖人制四海之命 法天而不私盡制 而不曲防分天下之地 以爲萬國而舉英才共焉 非後世擅天下者 以大制小 以强制弱之謀也 誠盡制而已矣 是以虞夏商周傳於長久 皆千餘載 論興廢則均有焉 語絶滅 則至暴秦郡縣天下然後極也 自秦滅先王之制 海內蕩然無有 根本之固有 今世王天下 而繼世無置錐之地者有 今年貴爲天子 而明年欲爲匹夫不可得者 天子尙然況其下者乎 物有其根 則常而靜安 而久常靜安久 則理得其終物 遂其性 封建者 政之有根者也 故上下辨民志定敎化行風俗 美理之易治 亂之難亡扶之易興 亡之難滅 郡縣反是 (강) 築宮咸陽北阪上 (목) 初諸廟及章臺上林 皆在渭南 及破諸侯 寫放其宮室作之於咸陽北阪上 南臨渭 自雍門以東 殿屋複道周閣相屬 所得諸侯美人 鐘鼓以充人之 【절요】 ○丞相綰等言:「燕·齊·荊地遠, 不爲置王, 無以鎭之. 請立諸子.」始皇下其議. 廷尉斯曰:「周文武所封子弟同姓甚衆, 然後屬疏遠, 相攻擊如仇讎, 周天子弗能禁止. 今海內賴陛下神靈一統, 皆爲郡·縣, 諸子功臣以公賦稅重賞賜之, 甚足易制, 天下無異意, 則安寧之術也. 置諸侯不便.」始皇曰:「天下共苦戰鬪不休, 以有侯王. 賴宗廟, 天下初定, 又復立國, 是樹兵也; 而求其寧息, 豈不難哉! 廷尉議是.」於是分天下爲三十六郡, 郡置守·尉·監. 收天下兵聚咸陽, 銷以爲鍾鐻·金人十二, 重各千石, 置宮庭中.

제나라 멸망 후 진의 36군(기원전 221년)

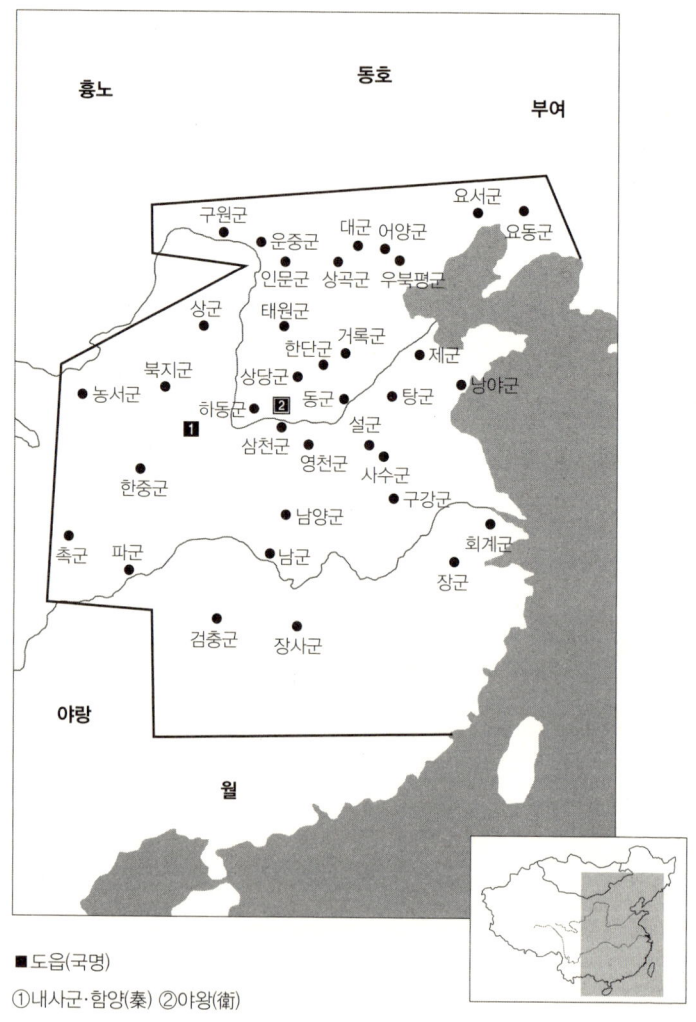

■ 도읍(국명)
① 내사군·함양(秦) ② 야왕(衛)

라고 할 수 있다. 왕관은 전보다 7배나 커진 나라를 다스리기 위해 봉건제 같은 분할 통치의 방법을 선호한 것이다.

그러나 이사는 그러한 통치 방법을 쓴 주나라의 멸망은 그 제도가 불완전하다는 것을 증명한 것이라며 중앙집중적인 제도인 군현제를 선택했다. 새로 편입된 지역에 군현을 둔 일이 있었는데 이를 확장하여 전국적으로 시행한 것이다.

그리고 전쟁을 없애기 위하여 모든 무기를 다 거두고, 이를 다시 무기로 만들기 어렵게 하려고 이 쇠를 종거와 금인을 만드는 방법을 사용하였다.

또 도량형을 통일하고, 함양으로 부호들을 옮기고 각지에 있던 궁궐을 전부 함양으로 옮겨 짓게 하여 강간약지 정책을 사용하였다. 중앙을 튼튼하게 하고 지방을 약하게 하여 장기적인 안정을 도모한 것이다.

이것은 역사적으로 대단히 중요한 사건이어서 《절요》와 《강목》에서 이 내용을 싣고 있다. 다만 《강목》에서는 남송시대 호굉의 논리를 〔목〕으로 덧붙여서 봉건제와 군현제를 비교하면서 봉건제가 좋은 제도임을 표시하였다.

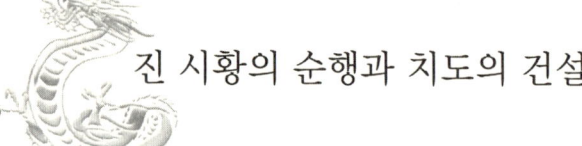

진 시황의 순행과 치도의 건설

원문번역

시황제 27년(辛巳, 기원전 220년)

1 시황제가 농서(隴西, 감숙성 臨洮縣), 북지(北地, 감숙성 寧縣)를 순행하고 계두산(鷄頭山, 섬서성 高平縣)에 이르렀다가 회중(回中, 섬서성 隴西縣 서북쪽)을 지나갔다.

2 위남(渭南)에 신궁(信宮)을 짓는 것이 끝나자, 다시 명명(命名)하여 극묘(極廟)라고 하였다. 극묘에서부터 길이 여산(驪山)으로 통하도록 하고, 감천(甘泉, 섬서성 澀陽縣 경계 지역)의 전전(前殿)을 짓고 용도(甬道, 양옆에 담당을 쌓은 길)를 쌓아 함양까지 이어지게 하였으며, 천하에 치도(馳道)를 닦았다.

원문

二十七年

1 始皇巡隴西·北地 至雞頭山 過回中焉.

2 作信宮渭南 已 更命曰極廟. 自極廟道通驪山 作甘泉前殿 築甬道自

咸陽屬之 治馳道於天下.

【강목|절요】*

평설

 진 시황제는 또 하나의 통일 정책으로 지방순시를 나섰다. 우선 이해에는 서북쪽으로 섬서성 지역을 순회하였고, 또한 궁궐을 짓고 도읍에서 지방으로 가는 길을 닦았다.

 이것은 지방에 문제가 발생했을 때에 이를 효과적으로 진압할 수 있도록 하기 위한 조치라고 볼 수 있다. 그리고 도읍인 함양성에서 대대적으로 건축 사업을 벌였던 것도 강간약지 정책의 한 조치라고 할 것이다.

 그러한 점에서 시황제의 통일 정책을 보는 중요한 사건이지만《절요》에서는 이를 생략하였고《강목》에서는 이를 간략하게 기록하고 있다.《절요》에서 이를 기록하지 않은 것은 진 시황제의 순수와 치도의 건설이 중앙집권화에 중요한 정책이었음을 이해하지 못한 것이라고 할 것이다.

---

* 【강목】(강) 辛巳 二十七年 帝巡隴西北地 至雞頭山 過回中 ○作信宮及甘泉前殿 治馳道於天下 【절요】 내용없음

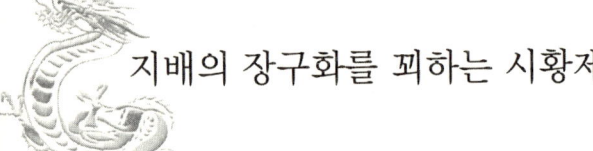

지배의 장구화를 꾀하는 시황제

원문번역

시황제 28년(壬午, 기원전 219년)

1 시황제가 동쪽에 있는 군과 현을 행차하다가 추역산(鄒嶧山, 산동성 鄒縣의 동남쪽)에 올라서 돌을 세워 공적과 업적을 칭송하였다. 이에 노(魯)의 유생 70명을 불러 모아 태산(泰山)의 아래에 이르러서 봉선(封禪)에 관하여 의논하게 하였다.

여러 유생 가운데 어떤 사람이 말하였다.

"옛날에 봉선을 할 때에는 창포로 수레를 감싸서 산의 흙이나 돌, 풀과 나무를 다치게 하는 것을 싫어하였고, 땅을 쓸고서 제사를 지내고 풀로 자리를 만들어 쓴다고 하였습니다."

의논하는데 각기 차이가 있었다.

시황제는 그들의 의견을 그대로 시행해 쓰기 어렵게 되니, 이로 말미암아서 유생들을 쫓아냈다. 드디어 수레가 다니는 길을 내고 태산의 남쪽에서부터 정상에 올라서 돌을 세워 공덕을 칭송하였고, 북쪽 길로 내려와서 양보산(梁父山)에서 선(禪)

을 거행하였다. 그 예식은 자못 태축(太祝)이 옹성(雍城, 섬서성 鳳翔縣)에서 상제(上帝)에게 제사지낼 때 쓰는 방법을 채용하였으며, 봉장(封藏)하는 것은 모두 비밀로 하여 세상에서는 얻어서 기록할 수가 없었다.

이에 시황제는 드디어 동쪽으로 바다에 가서 유람하고 명산·대천과 여덟 신(神)에게 예로 제사를 지냈다. 시황제는 남쪽으로 가서 낭야산(琅邪山, 산동성 膠南縣의 남쪽)에 올라가서 크게 즐기면서 석 달을 머물렀고, 낭야대(琅邪臺)를 만들고 돌을 세워서 덕을 칭송하게 하였고 자기의 뜻대로 되었음을 밝혔다.

처음에, 연인(燕人) 송무기(宋毋忌)와 선문자고(羨門子高)의 무리들이 선도(仙道)와 형해소화(形解銷化, 신선이 되는 것)의 술책이 있다고 말하였는데, 연과 제의 어리석고 괴이한 사람들이 모두 다투어 이를 전하고 익혔다.

제의 위왕(威王, 1대)과 선왕(宣王, 2대), 연의 소왕(昭王, 4대)도 모두 그들의 말을 믿고 사람들로 하여금 바다에 나아가서 봉래(蓬萊)·방장(方丈)·영주(瀛州)를 찾게 하였는데, 이 세 신산(神山)은 발해(渤海) 가운데에 있다고 하는데 사람들이 사는 곳에서 멀지가 않다고 하였다. 걱정거리는 또 도착할 때쯤 되면 바람이 일어서 배를 끌어간다는 것이다. 일찍이 도착했던 사람이 있었는데, 여러 선인(仙人)들과 불사약(不死藥)이 모두 있었다고 하였다.

시황제가 바다에 이르게 되자 여러 방사(方士, 道家의 法士)인 제인(齊人) 서시(徐市) 등이 다투어 편지를 올려서 이를 말하며, 재계(齋戒)하고 남녀 아이들과 더불어 이를 구하라고 청하였다. 이에 서시를 파견하며 남녀 어린아이들 수천 명을 징발하여 바다로 들어가 이를 구하도록 하였다. 배가 바다 가운데에서 왔다 갔다 하다가 모두 바람 때문이라고 풀어서 말하였다.

"아직 이를 수는 없었으나 멀리서는 바라보았습니다."

시황제가 돌아오는데, 팽성(彭城, 강소성 徐州市)을 지나고서 재계(齋戒)를 하고 사당에 기도하고, 주(周)의 정(鼎)을 사수(泗水)에서 꺼내게 하려고 사람 1천 명으로 하여금 물속에 들어가 이를 찾게 하였으나 찾지를 못하였다.

마침내 다시 서남쪽으로 가서 회수(淮水)를 건너서 형산(衡山, 안휘성 當涂縣의 북쪽)과 남군(南郡, 호북성 江陵縣)에 갔다. 장강(長江)에 배를 띄워 상산(湘山, 호남성 湘潭縣 경계 지역)의 사당에 이르렀는데, 큰바람을 만나서 거의 강을 건널 수가 없게 되었다. 황상이 박사에게 물었다.

"상군(湘君)은 어떤 신이요?"

대답하였다.

"듣건대, 요(堯)의 딸이며 순(舜)임금의 처인데 이곳에 장사지냈다고 합니다."

시황제는 크게 노하여 형도(刑徒) 3천 명으로 하여금 상산(湘山)의 나무를 모두 베어버리게 하여 그 산을 민둥산으로 만들었다. 드디어 남군에서 무관(武關, 섬서성 商縣 경계 지역)을 거쳐서 돌아왔다.

원문

二十八年

1 始皇東行郡·縣 上鄒嶧山 立石頌功業. 於是召集魯儒生七十人 至泰山下 議封禪. 諸儒或曰: "古者封禪 爲蒲車 惡傷山之土石·草木; 掃地而祭 席用菹稭." 議各乖異. 始皇以其難施用 由此絀儒生. 而遂除車道 上自太山陽至顚 立石頌德; 從陰道下 禪於梁父. 其禮頗采太祝之祀雍上帝所用 而封藏皆祕之 世不得而記也. 於是始皇遂東游海上 行禮祠名山·大川及八神. 始皇南登琅邪 大樂之 留三月 作琅邪臺 立石頌德 明得意.

初燕人宋毋忌·羨門子高之徒稱有仙道·形解·銷化之術 燕齊迂怪之士皆爭傳習之. 自齊威王·宣王·燕昭王皆信其言 使人入海求蓬萊·方丈·瀛洲 云此三神山在渤海中 去人不遠. 患且至 則風引船去. 嘗有至者 諸仙人及不死之藥皆在焉. 及始皇至海上 諸方士齊人徐市等爭上書言之 請得齊戒與童男女求之. 於是遣徐市發童男女數千人 入海求之. 船交海中 皆以風爲解 曰: "未能至 望見之焉."

始皇還 過彭城 齋戒禱祠 欲出周鼎泗水 使千人沒水求之 弗得. 乃西南渡淮水 之衡山·南郡. 浮江至湘山祠 逢大風 幾不能渡. 上問博士曰: "湘君何神?" 對曰: "聞之: 堯女 舜之妻 葬此." 始皇大怒 使刑徒三千人皆伐湘山樹 赭其山. 遂自南郡由武關歸.

【강목|절요】*

진 시황의 동부순행도(기원전 219년)

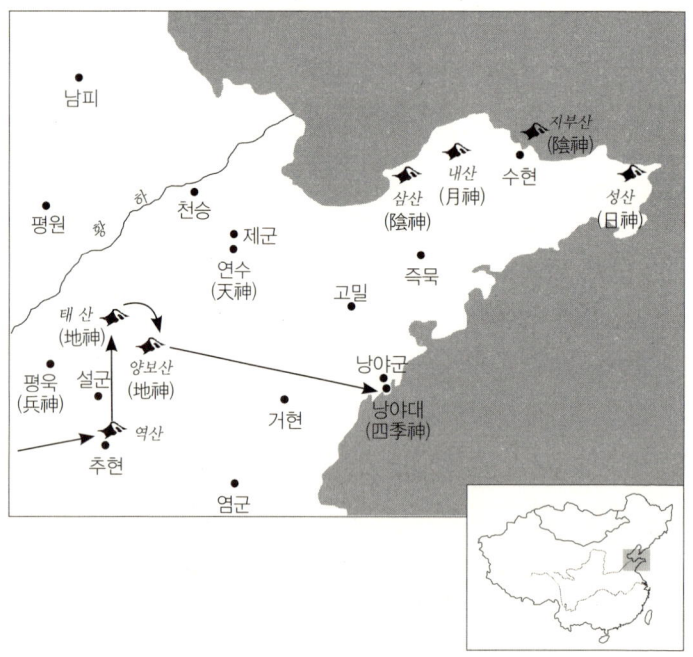

평설

　시황제가 6국을 멸망시키고 이를 통치할 새로운 제도를 만든 다음에 먼저 자기의 기반인 서부지역을 순수한 후 새로이 진으로 편입시킨 동부지역에 대한 순수를 시작했다.

　말하자면 자기의 기반을 다진 다음에 새로운 편입지에 대한 지배와 권위를 보이기 위한 행위이다. 이러한 순행을 통하여 진시황제는 돌에 자기의 공적과 업적을 새겨서 그 위업을 기록으로 남겼다. 《사기》에는 《자치통감》에 기록된 추역산을 제외한 6곳이 기록되어 있는데, 사마광은 이 추역산을 더 넣어서 시황제가 입석기공(立石紀功)한 곳이 7곳임을 밝혔다.

　다음으로 하려는 것은 봉선(封禪)의 의식을 치루는 것이다. 봉선은 원래 제왕이 하늘로부터 천명을 받는 의례인 것인데 그 기

---

* 【강목】(강) 壬午二十八年 帝東巡上鄒嶧山 立石頌功業 封泰山立石下 禪梁父 遂登琅邪立石 遣徐市入海求神 僞渡淮浮江 至南郡而還 (목) 始皇東行郡縣 上鄒嶧山 立石頌功德 魯儒生議封禪 或曰 古者封禪 爲蒲車 惡傷山之土石草木 掃地而祭 席因葅稭 議各乖異 始皇以其難施用 遂絀儒生 而除車道 上自山陽至顚 立石頌德 從陰道下 禪於梁父 封藏皆祕之 世不得而記也 遂東遊海上 祠山川八神 南登琅邪 作臺刻石 初 燕人宋母·忌羨門子髙之徒稱有仙道·形解銷化之術 自齊威宣燕昭王皆信之 使人入海求蓬萊方丈瀛洲 云此三神山在渤海中 去人不遠 患且至 則風引船去 嘗有至者 諸仙人不死藥皆在焉 至是 方士徐市等上書言之 得請齋戒與童男女求之 於是 遣市發童男女數千人求之 船交海中 皆以風為解 曰未能至望見之焉 始皇還 過彭城 齋戒禱祠 欲出周鼎泗水 使千人沒水求之 弗得 乃西南渡淮 浮江至湘山祠 逢大風 幾不能渡 上問湘君何神 博士對曰 堯女 舜妻葬此 始皇大怒 伐赭其山 遂自南郡由武關歸 【절요】壬午二十八年. 始皇東行郡·縣, 上鄒嶧山, 立石頌功業. 上太山陽至顚, 立石頌德; 從陰道下, 禪於梁父. 遂東海上, 方士徐市等上書, 請得與童男女, 入海, 求三神山不死藥, 浮江至湘山祠, 逢大風, 幾不能渡. 上問: 「湘君何神?」 對曰: 「堯女, 舜妻.」 始皇大怒, 使伐湘山樹, 赭其山.

원은 춘추전국시대이다.

당시에 제(齊)와 로(魯)에 살던 사인(士人)들은 천하에서 제일 높은 산을 태산(泰山)으로 생각하고 인간의 최고인 제왕은 이 최고의 산에 올라가서 최고무상의 신령에게 제사를 지내야 한다고 생각하였다. 후대에는 제로에서 시행되던 이 봉선의식이 확대되어 통일제국의 망제(望祭)가 되었으며 이를 봉선이라고 불렀다. 그러므로 진 시황제는 통일왕조의 제왕으로서는 최초로 봉선을 한 것이다.

시황제는 봉선을 거행하기 위해 과거에 치렀던 봉선의식을 참고하려고 하였다가 이를 버리고 독자적으로 시행하였다. 태축을 이용하여 봉장하게 하는 등 이 또한 새로운 의례의 창안이라고 해야 할 것이다. 다음으로 한 일은 명산대천에서 팔신(八神)에게 제사를 지내고 기념물을 조성하며 3개월이나 이를 즐긴 것이다.

그 다음으로 그동안 동부지역에서 유행하였던 선도(仙道)에 관한 이야기를 듣고 스스로 죽지 않으려고 불사약을 구하려고 하였다. 그러나 불사약을 구하러 간 배가 풍랑을 만나서 목적지에 도달할 수 없었다는 말을 듣고 발길을 돌렸다.

그리고 돌아오면서 사수에 빠졌다는 주대(周代)의 보기(寶器)인 정(鼎)을 찾아내려고 하였다. 주(周)가 진(秦)에 항복하면서 9개의 보기를 바쳤는데, 그 가운데 하나가 사수에 빠져서 시황제는 이를 갖지 못하고 있었다.

주나라의 보기인 정(鼎)은 후대에는 옥새(玉璽)로 대체되지만 전 왕조의 보기를 다 손에 넣어야만 새로운 왕조의 정통성을 갖는다고 생각했던 시황제는 주나라의 9개의 보기 가운데 모자라는 하나를 채워 넣으려는 생각이었던 것 같다. 그러나 이것은 결국 실패한 셈이었다.

시황제는 동부지역에서 방향을 남쪽으로 틀어서 강남지역으로 들어가서 순시한다. 이때에 상산사(湘山祠)에 이르렀다가 큰 바람을 만난다. 그런데 상산사가 요의 딸이며 순의 처인 상군(湘君)을 모시는 사당이라는 소리를 듣고 상산의 나무를 모두 베어버린다. 이는 황제로서의 권위는 죽은 사람에게도 적용된다는 의식을 드러낸 것이다. 말하자면 시황제의 권위를 온 천하에 다 드러낸 순수(巡狩)였다.

이러한 기록을 《절요》는 지나치게 간략하게 서술하였으며, 《강목》에서는 〔목〕에 비교적 《자치통감》의 원문을 많이 생략하지 않고 기록해 두고 있다.

공격 받는 진 시황제

원문

2 처음에, 한인(韓人) 장량(張良)은 그의 아버지, 할아버지 위로 5세(世)에 걸쳐서 한에서 재상을 지냈다. 한이 망하게 되자 장량은 천금(千金)의 재산을 흩어서 한을 위하여 원수를 갚고자 하였다.

시황제 29년(癸未, 기원전 218년)

1 시황제가 동쪽으로 유람을 떠나서 양무(陽武, 하남성 陽武縣)의 박랑사(博浪沙, 양무현 동남쪽 3km 지점) 가운데에 이르렀는데, 장량이 역사(力士)로 하여금 쇠몽둥이를 휘둘러서 시황제를 저격하게 하였지만, 잘못되어 부차(副車)를 맞추었다. 시황제가 놀라서 잡으라고 하였으나 잡지 못하자, 천하에 명령을 내려서 10일 동안 크게 수색을 하였다.

시황제가 드디어 지부산(之罘山)에 올라가서도 돌에 새기고, 돌아서 낭야(琅邪, 산동성 膠南縣)로 갔다가 상당(上黨, 산서성 長子縣)으로 가는 길로 들어왔다.

원문

2 初 韓人張良 其父·祖以上五世相韓. 及韓亡 良散千金之産 欲爲韓報仇.

二十九年

1 始皇東游 至陽武博浪沙中 張良令力士操鐵椎狙擊始皇 誤中副車. 始皇驚 求 弗得; 令天下大索十日. 始皇遂登之罘 刻石; 旋 之琅邪 道上黨入.

【강목|절요】*

평설

　　진 시황제는 6국을 멸망시키고 천하를 통일하면서 이 천하를 어떻게 진 왕조의 체제 안에서 통일적으로 통치할 것인가를 위하여 새로운 제도를 창안해 내었으며, 그것은 앞에서 이미 하나씩 제시되었다. 그리고 진 시황제가 천하의 유일한 황제임을 사방에 알리려는 작업을 계속하기 위하여 각 군을 순회하고 있었다.

---

*【강목】(강) 癸未 二十九年 帝東遊 至陽武 韓人張良狙擊 誤中副車 令天下大索 十日 不得 遂登之罘 刻石而還 (목) 初 韓人張良 五世相韓 及韓亡 良散千金之産 弟死不葬 欲爲韓報仇 始皇東遊 至陽武博浪沙中 良令力士操鐵椎狙擊始皇 誤中副車 始皇驚 求 弗得 令天下大索十日 〈或曰〉張良之計不亦疎乎 〈程子曰〉欲報君仇之急 何暇自爲謀邪 【절요】○初, 韓人張良, 父·祖以上五世相韓. 韓亡, 良欲爲韓報仇. 始皇東遊, 至陽武博浪沙中, 張良令力士操鐵椎狙擊始皇, 誤中副車. 始皇驚, 求弗得 ; 令天下大索十日.

진 시황의 동부순시와 장량역사의 공격(기원전 218년)

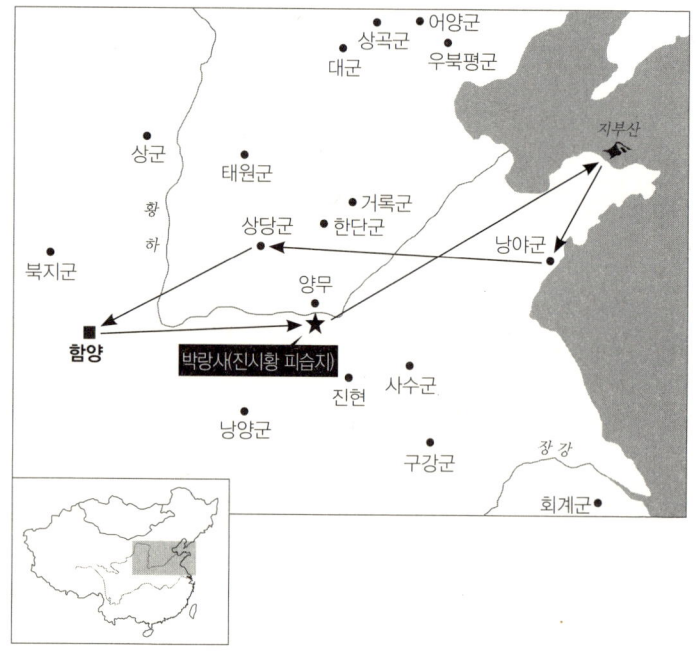

이러한 상황에서 6국의 후예들로부터 불시에 공격을 받게 된다. 첫 번째로 나타난 것은 장량(張良, 기원전 250?~185)이었다. 장량은 한(韓)에서 5대에 걸쳐 재상을 지낸 집안의 후예였다.

그는 한이 진나라에 망한 것을 한스럽게 생각하여 원수를 갚기 위하여 많은 재산을 다 풀어서 보복할 계획을 세웠다. 드디어 시황제가 순수하는 양무 박랑사(陽武 博浪沙, 河南 原陽縣東南)까지 쫓아가서 역사를 고용하여 이를 공격하게 하였다.

그러나 진 시황제가 탄 수레를 정확히 구별하지 못해서 부차만 부수고 목적을 달성하지 못하였다. 이때 장량의 나이는 대체로 22살쯤 되었을 것으로 보인다.

물론 진 시황제는 이러한 저격을 받고도 무사했고, 또 지부산에 올라가서 돌을 세워 또 자신의 공을 기록해 놓고 돌아갔으니 그로서는 다행한 일이다. 그러나 이때부터 진 시황제에 대한 저항이 시작되었다고 할 것이다. 또한 장량은 후에 유방을 도와서 지낭(智囊)이 된 인물인데, 그가 이 시기에 벌써 등장하고 있다.

이 사건은 《절요》와 《강목》에서 모두 기록하고 있는데 특이하게 《강목》에서 장량에 대한 정자의 평가를 실었다. 자기 임금의 원수에 대한 보복은 앞뒤를 가릴 여유가 없이 행동에 옮겨야 한다는 말이었다. 이러한 생각은 남송시대의 주희에게 와서는 더욱 철저하게 나타나고 있는데, 이 내용을 덧붙인 것이다.

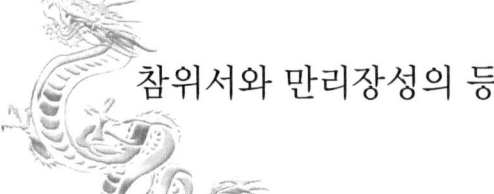

참위서와 만리장성의 등장

원문번역

시황제 31년(乙酉, 기원전 216년)

1 검수(黔首, 백성)들로 하여금 스스로 실제의 전무(田畝)를 실사하게 하였다.

시황제 32년(丙戌, 기원전 215년)

1 시황제가 갈석(碣石, 하북성 昌黎縣 부근)에 가서 연인(燕人) 노생(盧生)으로 하여금 선문(羨門)을 찾게 하고, 갈석(碣石)의 문에 새겼다. 성곽을 파괴하고 제방을 터서 통하게 하였다. 시황제는 북쪽 변경을 순행하고 상군(上郡)에서부터 들어왔다.

노생이 바다로 들어가게 하였다가 돌아왔는데, 이어서 ≪녹도서(錄圖書)≫를 상주하여서 말하였다.

"진을 망하게 할 자는 호(胡)입니다."

시황제는 마침내 장군 몽념(蒙恬)을 파견하고 군사 30만 명을 발동하여 북쪽으로 흉노를 쳤다.

시황제 33년(丁亥, 기원전 214년)

1 일찍 여러 도망쳤던 사람과 췌서(贅壻, 데릴사위)을 징발하여 병사로 삼고, 남월(南越)의 육량지(陸梁地, 광동, 광서성)를 빼앗고, 계림(桂林, 광서성 계림)·남해(南海, 광동성 廣州市)·상군(象郡, 베트남 하노이)을 설치하고, 죄를 지은 사람 50만 명을 옮겨서 오령(五嶺)을 수수(戍守)하게 하고, 월(越) 사람들과 섞여 살게 하였다.

2 몽념이 흉노를 구축하고 하남지(河南地, 河套이남 지역)의 44개 현을 거둬들였다. 장성(長城)을 쌓았는데, 지형을 이용하여 험난한 요새를 사용하여 통제하도록 하였다. 임조(臨洮, 감숙성 岷縣)에서 시작하여 요동(遼東, 요녕성 遼陽市)에 이르렀으며, 연장한 거리가 만여 리가 되었다.

이에 황하를 건너서 양산(陽山, 내몽고 狼山)에 근거하여 구불구불하게 북쪽으로 뻗게 되었다. 군사를 10여 년 동안이나 밖에 두어서 몽념은 항상 상군(上郡)에 살면서 이를 다스렸고, 그 위엄이 흉노를 진동시켰다.

원문

三十一年

1 使黔首自實田.

三十二年

1 始皇之碣石 使燕人盧生求羨門 刻碣石門. 壞城郭 決通隄坊. 始皇巡北邊 從上郡入. 盧生使入海還 因奏錄圖書曰: "亡秦者胡也." 始皇乃遣將軍蒙恬發兵三十萬人 北伐匈奴.

진의 남방3 확장도(기원전 214년)

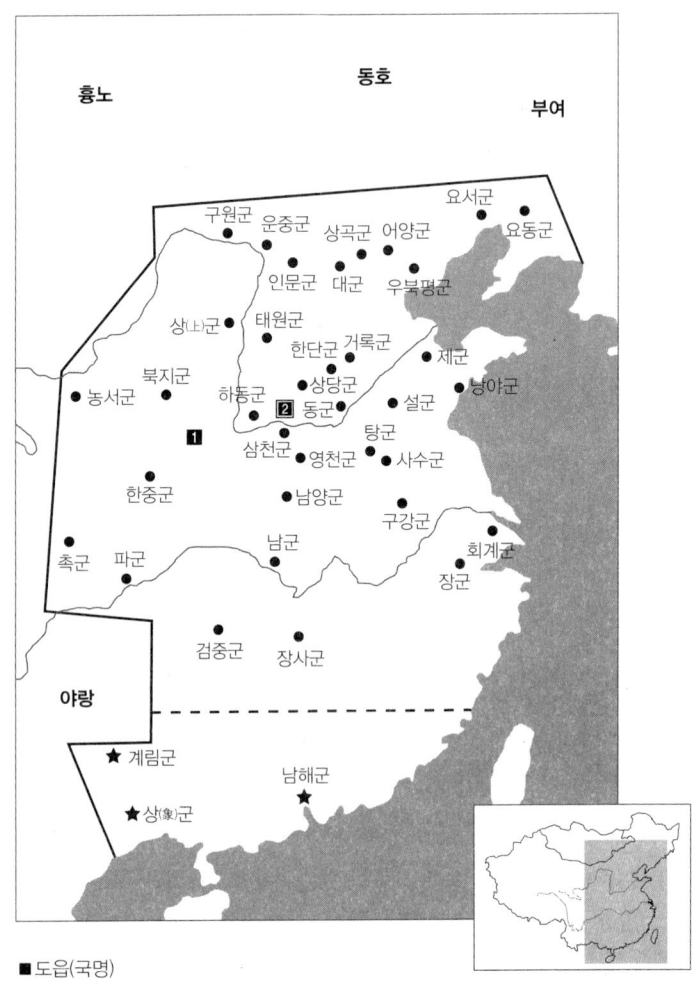

■ 도읍(국명)

① 내사군·함양(秦) ② 야왕(衛)

★는 확장지

三十三年

1 發諸嘗逋亡人·贅壻·賈人爲兵 略取南越陸梁地 置桂林·南海·象郡; 以謫徙民五十萬人戍五嶺 與越雜處.

2 蒙恬斥逐匈奴 收河南地爲四十四縣. 築長城 因地形 用制險塞; 起臨洮至遼東 延袤萬餘里. 於是渡河 據陽山 逶迤而北. 暴師於外十餘年 蒙恬常居上郡統治之; 威振匈奴.

【강목|절요】*

평설

이 부분은 진 시황제가 만리장성을 쌓고 흉노와 대결하게 된 일을 참위서와 연관지어서 생각하도록 하고 있다.

진 시황제는 일반 백성들이 실제의 전지를 갖게 하는 조치를 취하면서 국내적으로는 7국이 서로 대결할 적에 쌓았던 성곽이나 제방 같은 방어 시설을 무너트리게 하였다. 이러한 조치는 계속하여 남쪽으로 영역을 넓히는 작업이었고 이는 천하를 하

---

*【강목】(강) 甲申 三十年 (강) 乙酉 三十一年 使黔首自實田 (강) 丙戌 三十二年 帝東巡刻碣石門 壞城郭 決隄防 ○ 巡北邊遣將軍蒙恬伐匈奴 (목) 初 始皇之碣石 使盧生求羨門子高還 奏得錄圖書 曰 亡秦者胡也 始皇乃巡北邊 遣將軍蒙恬 發兵三十萬人 北伐匈奴 (강) 丁亥 三十三年 略取南越地 置桂林南海象郡以謫徙民 五十萬戍之 (목) 發諸嘗逋亡人及贅壻賈人為兵 畧取南越陸梁地置三郡 以謫徙民五十萬戍五嶺 (강) 蒙恬收河南地 築長城 (목) 蒙恬斥逐匈奴收河南地 為四十四縣 築長城 起臨洮 至遼東延袤萬餘里 暴師於外十餘年 恬常居上郡 統治之 (강) 彗星見【절요】丙戌三十二年. 始皇巡北邊, 盧生入海還. 因奏錄圖書曰:「亡秦者胡也.」始皇乃遣蒙恬發兵三十萬人, 北伐匈奴. 收河南地為四十四縣. 築長城, 因地形, 用制險塞; 起臨洮至遼東, 延袤萬餘里. 威振匈奴.

나로 통일하겠다는 정책의 시행이라고 할 것이다.

그리고 다른 한편으로는 선인(仙人)을 찾게 하여 결국 참위서를 얻게 되는데, 거기에서 진나라를 망하게 할 사람은 호(胡)라는 말을 보게 된다. 자기가 건설한 진이 멸망할 수도 있다는 사실에 진 시황제는 충격을 받는다.

진왕으로 등극하여 31년이 지난 나이 44세라는 시점에서, 역사상 아무도 이룩하지 못한 업적을 이룩하여 진에 대항할 세력이 아무도 없다고 생각했는데 그 생각이 흔들린 것이다. 중원 판도 내에 있는 6국이 아닌 또 다른 세력인 호(胡)를 현실적으로 다가 온 적대세력으로 본 것이다.

여기서 호(胡)는 중국 북방에 있는 유목족인 흉노족을 부르는 다른 말이었다. 진 시황제는 흉노를 대비하기 위해 먼저 흉노가 중원으로 넘어 오는 지역에 장벽을 쌓아 그들이 근본적으로 중원지역으로 들어 올 수 없도록 하였다. 이를 위하여 50만 명이라는 사람을 동원하고 장군 몽염을 이 지역으로 파견하여 흉노를 공격하게 하여 그들이 중원지역을 넘볼 수 없도록 하였다.

물론 진 시황제는 이 호(胡)가 흉노가 아니라 그의 뒤를 잇는 아들 호해(胡亥)였음을 알아차리지 못한 것이다. 이러한 사건은 참위서의 기록이 맞아 떨어진다는 생각을 갖게 하는 효과도 있었다. 그 때문인지 《자치통감》에는 기록되어 있지 않지만 《강목》에는 혜성이 나타났다고 기록하고 있다. 마치 불길한 일이 벌어진 조짐을 보인 것처럼.

분서(焚書)와 유가 서적

원문번역

시황제 34년(戊子, 기원전 213년)

1 감옥을 다스리는 관리로 정직하지 않은 사람과 재심을 고의로 처리하거나 혹은 잘못 처리한 자를 귀양을 보내서 장성을 쌓게 하거나 남월(南越, 광동성)의 땅에 두게 하였다.

승상 이사(李斯)가 편지를 올려서 말하였다.

"다른 시기에는 제후들이 나란히 다투어 유세하는 학인을 후히 대우하면서 초청하였습니다. 이제 천하가 이미 안정되어 법령이 한 곳에서 나오니, 백성으로 집에 있는 사람은 힘써 농사를 짓고 물건을 만들어야 하며, 선비는 법령을 학습해야 합니다.

지금 여러 학생들이 지금의 것을 스승으로 하지 않고, 옛 것을 배워서 현재의 시대를 비난하여 검수들을 현혹시키고 혼란스럽게 하고 서로 더불어 법령을 비난하며 사람들에게 가르치고, 명령이 내렸다는 말을 들으면 각기 그가 배운 것을 가지고 이를 의논하고, 들어가서는 마음으로 비난하고 나오면 골목에서 의논하면서 주장을 과장하는 것을 명성이라고 여기고, 다른 것으로 나가면 이것을 고명하다고 여기며, 많은 사람을 인솔하여 비방의 말을 내려 보내 비방을 만듭니다. 이와 같이 되어도 금지하지 않는다면 군주의 세력은 위에서 떨어지고, 떼 지은 무리들은 아래에서 만들어집니다.
이를 금지하는 것이 편리합니다. 신이 청컨대, 사관(史官)에게는 진을 비난하는 기록은 모두 이를 태워버리게 하시고, 박사관(博士官)이 관장하지 아니하는 것으로 천하에 숨겨진 ≪시(詩)≫·≪서(書)≫·제자백가(諸子百家)의 학설이라는 것은 모두 군수·군위에게 보내서 이를 섞어서 불태우십시오.
감히 우연하게라도 ≪시≫·≪서≫를 말하는 사람이 있다면, 기시(棄市)하고, 옛 것을 가지고 오늘날의 것을 비난하는 자는 그 가족을 다 없애며, 관리가 알아보고도 검거하지 않으면 같은 죄로 다스립니다.
명령을 내리고 나서 30일이 되어도 태워버리지 않으면 경형(黥刑)에 처하여 성단(城旦)을 시킵니다. 버리지 아니할 것은 의약(醫藥)·복서(卜筮)·종수(種樹) 관계의 책입니다. 만약에 법령을 배우고자 하는 사람이 있으면 관리를 스승으로 삼으십시오."
제(制)하여 말하였다.
"가(可)하다."
위인(魏人) 진여(陳餘)가 공부(孔鮒)에게 말하였다.

"진은 장차 선왕(先王)들의 전적을 없앨 것인데, 그대가 서적의 주인공이니 그것은 위태롭습니다."

자어(子魚)가 말하였다.

"나는 쓸모없는 학문을 공부하는 사람이니 나를 아는 사람만이 오직 나의 친구입니다. 진은 나의 벗이 아니니 내가 어찌 위험하단 말이오! 나는 장차 이를 감추어 두었다가 그것을 찾는 사람을 기다릴 것이고, 찾는 사람이 이르면 걱정거리가 없어질 것입니다."

원문

三十四年

1 讁治獄吏不直及覆獄故·失者 築長城及處南越地.

丞相李斯上書曰: "異時諸侯並爭 厚招遊學. 今天下已定 法令出一 百姓當家則力農工 士則學習法令. 今諸生不師今而學古 以非當世 惑亂黔首 相與非法敎人; 聞令下 則各以其學議之 入則心非 出則巷 議 誇主以爲名 異趣以爲高 率羣下以造謗. 如此弗禁 則主勢降乎上 黨與成乎下. 禁之便! 臣請史官非秦記皆燒之; 非博士官所職 天下 有藏詩·書·百家語者 皆詣守·尉雜燒之. 有敢偶語詩·書棄市; 以古 非今者族; 吏見知不擧 與同罪. 令下三十日 不燒 黥爲城旦 所不去 者 醫藥·卜筮·種樹之書. 若有欲學法令者以吏爲師." 制曰: "可."
魏人陳餘謂孔鮒曰: "秦將滅先王之籍 而子爲書籍之主 其危哉!"
子魚曰: "吾爲無用之學 知吾者惟友. 秦非吾友 吾何危哉! 吾將藏

之以待其求; 求至 無患矣."

【강목|절요】*

평설

이 단락은 이사가 진 시황제에게 건의하여 전해 내려오는 모든 서적을 다 불태우게 하는 분서를 설명한 것이다. 이사는 진나라의 새로운 질서체제와 법령에 대한 반대 논의를 원천적으로 금지하는 것이 진나라의 안정에 필요하다고 생각하였다. 새로운 시대이기 때문에 옛 것을 가지고 새로운 시대의 제도와 법령을 비판해서는 안 된다는 주장이었다.

---

* 【강목】(강) 戊子 三十四年 燒詩書百家語 (목) 始皇置酒咸陽宮 僕射周青臣進頌曰 陛下神聖平定海內 以諸侯為郡縣 無戰爭之患 上古所不及 始皇悅 博士淳于越曰 殷周之王 千餘歲封子弟功臣 自為枝輔 今陛下有四海 而子弟為匹夫 卒有田恒 六卿之臣 何以相救 事不師古而能長久 非所聞也 今青臣又面諛以重陛下之過 非忠臣也 始皇下其議 丞相李斯言 五帝不相復 三代不相襲 今陛下創大業 建萬世之功 固非愚儒所知 且越言 乃三代之事 何足法也 異時諸侯並爭 厚招遊學 今天下已定 法令出一 百姓當家則力農工 士則學習法令 今諸生不師今而學古 以非當世 惑亂黔首 人聞令下 則各以其學議之 入則心非 出則巷議 誇主以為名 異趣以為高 率羣下以道謗 如此弗禁 則主勢降乎上 黨與成乎下 禁之便 臣請史官 非秦記皆燒之 非博士官所職 天下有藏詩書百家語者 皆詣守尉雜燒之 偶語詩書者棄市 以古非今者族 吏見知不舉與同罪 令下三十日不燒 黥為城旦 所不去者醫藥卜筮種樹之書 欲學法令者 以吏為師 制曰可【절요】戊子 三十四年. 丞相李斯上書曰:「異時諸侯並爭, 厚招遊學. 今天下已定, 法令出一, 百姓當家則力農工, 士則學習法令. 今諸生不師今而學古, 以非當世, 惑亂黔首, 相與非法教人; 聞令下, 則各以其學議之, 入則心非, 出則巷議, 誇主以爲名, 異趣以爲高, 率羣下以造謗. 如此弗禁, 則主勢降乎上, 黨與成乎下. 禁之便! 臣請史官非秦記皆燒之; 非博士官所職, 天下有藏詩·書·百家語者, 皆詣守·尉雜燒之. 有偶語詩·書棄市; 以古非今者族; 所不去者, 醫藥·卜筮·種樹之書. 若欲學法令者, 以吏爲師.」制曰:「可.」

《자치통감》에서는 이 사실을 기록하면서 기술서적과 생산관계서적만을 남겨두었다고 적고 있다. 그리고 나서 그렇다면 유가 서적도 다 태워졌을 것인데, 그것이 어떻게 남아있게 되었는지를 알 수 있도록 공자의 8세손인 공부의 말을 기록하였다.

이때에 감춰 둔 것이 후대에 공벽(孔壁)에서 발견되었는지는 알 수 없어도 유가 서적이 남게 되는 이유를 설명하려고 한 것이다. 물론 이러한 분서에 대한 건의는 법령을 어긴 사람들에 대하여 귀양 보내야 하는 사건에 뒤를 이어서 나타난 것임을 《자치통감》에서는 알 수 있다. 여기서 후에 반진(反秦) 활동에 참여하는 진여(陳餘)가 처음 등장한다.

《절요》에서는 이를 간략하게 기록하고 있는데 비하여 《강목》에서는 특이하게 《자치통감》에 실려 있지 않은 주청신(周靑臣)의 말을 싣고 있다. 주청신은 이사가 건의하기 전에 봉건제로의 회귀를 건의하였는데, 이를 이사가 받아서 충신이 아니라고 공격한 사건을 실은 것이다.

이는 상대적으로 법가인 이사를 비판적 시각으로 볼 수 있게 하는데 도움이 되는 기록인 것이다. 그럼에도 불구하고 공부의 이야기는 생략하고 있다. 《강목》 편자의 의도를 알 수 있는 부분이다.

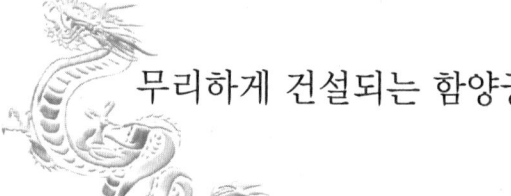
무리하게 건설되는 함양궁

원문번역

시황제 35년(己丑, 기원전 212)

1 몽념에게 직도(直道)를 닦아서 구원(九原, 내몽고 包頭市)까지 가는 길을 내게 했는데, 운양(雲陽, 섬서성 淳化縣)에 이르러서는 산을 파고 골짜기를 메워서 1천 800리를 만드는데, 몇 년이 지나도 성취하지 못하였다.

2 시황제가 함양에는 사람이 많은데 선왕들의 궁정이 작다고 생각하여 마침내 조궁(朝宮)을 위수의 남쪽 상림원에 짓는데, 궁전(宮殿) 앞에 아방(阿房, 서안시 南阿房村)을 먼저 지으니 그 동서가 500보(步)이고 남북이 50장(丈)이며, 그 위에는 1만 명이 앉을 수 있고 아래로는 5장(丈) 높이의 기를 세울 수 있으며, 주위에서 말달리는 데, 각도(閣道)를 만들고 전각의 아래에서 곧바로 남산에 다다르게 하고 남산의 꼭대기를 궐(闕)로 만들었다. 복도(複道)를 만들어 아방에서 위수(渭水)를 건너서 함양에서 이어지게 하였는데, 천극(天極)과 각도가 은하수를 건너서

영실(營室)에 이르는 것을 상징하게 하였다.

은궁(隱宮)과 도형(徒刑)을 받은 사람 70만 명을 나누어서 아방궁을 짓게 하거나 혹은 여산(驪山)을 만들게 하였다. 이를 위하여 북산(北山)에 있는 석곽(石槨)을 파내고, 촉(蜀, 四川省 成都市)과 형(荊, 옛날 초 지역)의 재료를 실어다 모두 날랐는데, 모두 이르자, 관중(關中)에 있는 궁을 헤아리니 300개였고, 관(關) 밖에도 400여 개가 있었다.

이에 동해에 있는 구(朐는 朐山을 말하며 東海縣임)의 경계 안에 돌을 세워서 진의 동문(東門)으로 하였다. 이어서 3만 가구를 여읍(驪邑, 陝西省 姓童縣 驪山 아래)으로 옮겼고, 5만 가구는 운양(雲陽, 섬서성 淳化縣)으로 옮겼는데, 이들 모두에게는 10년간 부세를 면제해주고 정역(征役)을 하지 않게 하였다.

원문

三十五年

1 使蒙恬除直道 道九原 抵雲陽 塹山堙谷千八百里; 數年不就.

2 始皇以爲咸陽人多 先王之宮庭小 乃營作朝宮渭南上林苑中 先作前殿阿房 東西五百步 南北五十丈 上可以坐萬人 下可以建五丈旗 周馳爲閣道 自殿下直抵南山 表南山之顚以爲闕. 爲複道 自阿房度渭 屬之咸陽 以象天極閣道·絶漢抵營室也. 隱宮·徒刑者七十萬人 乃分作阿房宮或作驪山. 發北山石槨 寫蜀·荊地材 皆至; 關中計宮三百 關外四百餘. 於是立石東海上朐界中 以爲秦東門. 因徙三萬

몽염이 건설한 직도(기원전 212년)

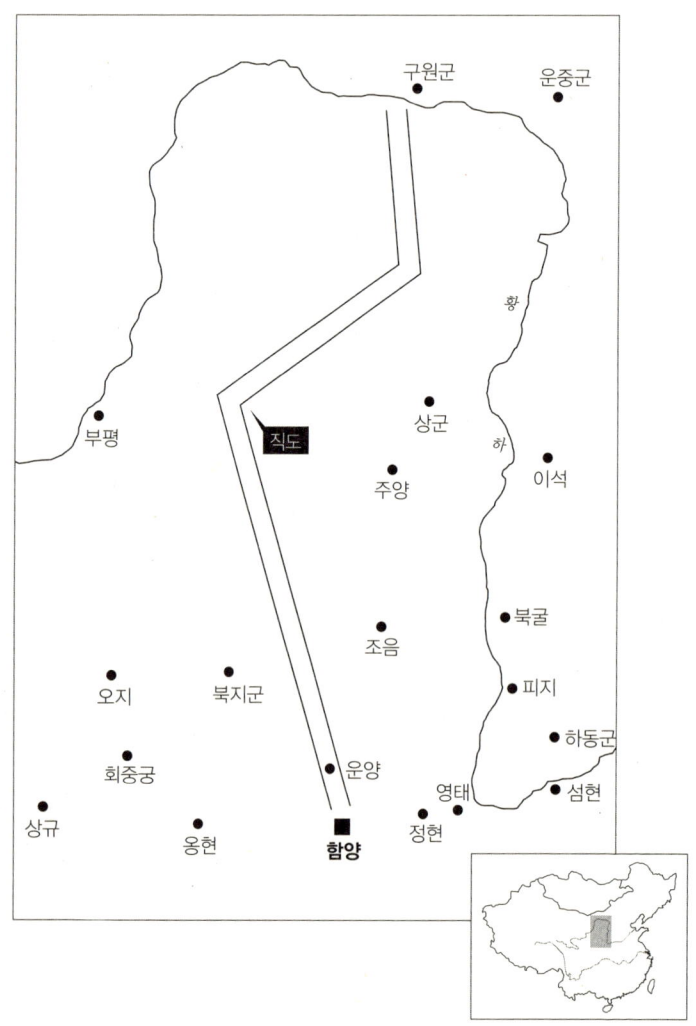

家驪邑 五萬家雲陽 皆復不事十歲.

【강목|절요】*

평설

진 시황제의 통일제국 건설을 위한 작업은 6국을 멸망시킨 이래 쉬지 않고 계속 되었다. 이해에는 몽념을 시켜서 직도(直道)를 건설하는 작업을 추진하였다. 그러나 그것이 쉽게 성사되지는 않아서 몇 년을 걸려도 완성되지 못하였다.

그 위에 다시 도읍인 함양에 궁궐을 건설하는 작업을 계속 진행하였다. 그 규모가 거대하고 전에 없는 건설이어서 전체적으로 궁전의 수가 관내외로 700개에 이르렀으며 아방궁을 건설하는데 동시에 1만 명이 오를 수 있다고 하였으니 그 규모를 짐작할 수 있다.

---

* 【강목】 (강) 己丑 三十五年 除直道 (목) 使蒙恬除直道 道九原抵雲陽 塹山堙谷 千八百里 數年不就 (강) 營朝宮作前殿阿房 (목) 始皇以咸陽人多 先王宮廷小 乃營朝宮渭南上材苑中 先作前殿阿房 東西五百步 南北五十丈 上可以坐萬人 下可以建五丈旗 周馳為閣道 自殿下直抵南山 表山巔以為闕 複道 渡渭 屬之咸陽 隱宮徒刑者七十餘萬人 分作阿房 驪山關中計宮三百 關外四百餘 因徙三萬家驪邑 五萬家雲陽 【절요】 己丑 三十五年.使蒙恬除直道, 道九原, 抵雲陽,塹山堙谷, 千八百里；數年不就. ○始皇以為咸陽人多, 先王之宮庭小, 乃營作朝宮渭南上林苑中, 先作前殿阿房, 東西五百步, 南北五十丈, 上可以坐萬人, 下可以建五丈旗, 周馳為閣道, 自殿下直抵南山, 表南山之顛以為闕,為複道, 自阿房渡渭, 屬之咸陽, 以象天極閣道·絕漢抵營室也.隱宮·徒刑者七十餘萬人, 乃分作阿房宮或作驪山.發北山石槨, 寫蜀·荊地材, 皆至；關中計宮三百, 關外四百餘.於是立石東海上朐界中, 以為秦東門.因徙三萬家驪邑, 五萬家雲陽, 皆復不事十歲.

이러한 일은 강압적 방법을 동원하여 추진된 것이기 때문에 이러한 일이 계속된다는 것은 곧 한계에 부딪칠 수 있다는 예측을 독자에게 주고 있다. 《절요》와 《강목》은 다 같이 이 내용을 싣고 있어서 진 시황제의 무모한 계획을 은연중에 드러내고 있다.

불사약과 갱유(坑儒)

원문번역

3 노생(盧生)이 시황제에게 유세하였다.

"방술 가운데에는 인주(人主)가 때로 미행하여서 악귀를 피해야 한다고 되어 있습니다. 악귀가 피하면 진인(眞人)이 나타납니다. 바라건대 황상께서 거처하시는 궁을 다른 사람들이 모르게 하시고, 그런 후에 불사약(不死藥)은 아마도 구할 수 있을 것입니다."

시황제가 말하였다.

"나는 진인을 흠모한다."

스스로 '진인이다.'라고 하면서 짐(朕)이라고 부르지 않았다.

마침내 함양 옆에 200리 안에 있는 궁(宮)과 관(觀) 270개는 복도(復道)와 용도(甬道)가 서로 연결되게 하고, 휘장과 장막, 종고(鐘鼓)와 미인들을 이곳에 가득 채워놓고 각기 명단을 만들어 옮기지 못하게 하라고 명령하였다.

행차하는 곳을 가는데 그곳을 말하는 사람이 있다면 사형에 처하도록 하였다. 시황제가 양산궁(梁山宮)에 행차하였다가 산 위에서 승상의 수레와 기마가 많은 것을 보고 좋게 생각하지 아니하였다. 중인(中人, 궁중에 있는 환관) 가운데 어떤 이가 승상에게 말하니 승상이 후에 수레와 기마를 줄였다.

시황제가 노하여 말하였다.

"이 가운데에 있는 사람이 내 말을 누설하였구나!"

조사하고 물었으나 승복하는 사람이 없자, 그 당시 그 옆에 있던 사람을 체포하여 이를 전부 죽였다. 이 이후로는 가서 있는 곳을 알지 못하였다. 여러 신하들 가운데 결재 받을 일이 있는 사람은 모두 함양궁(咸陽宮)에 있었다.

후생(侯生)과 노생이 서로 더불어 시황제를 비방하는 논의를 하였다가 이 때문에 도망갔다. 시황제가 이를 듣고, 크게 노하여 말하였다.

"노생 등은 내가 존경하여 그에게 내려준 것이 아주 후하였는데, 이제 마침내 나를 비방하다니! 제생(諸生) 가운데 함양에 있는 자는 내가 사람을 시켜서 살피며 물어보았더니, 혹 어떤 사람이 요사스런 말을 하여 검수들을 어지럽혔다."

이에 어사(御史)로 하여금 제생들 모두에게 묻고 조사하게 하였다.

제생들이 전해 가면서 서로 이끌어서 알리자, 마침내 스스로 금령을 범한 것으로 판결된 자가 460여 명이었는데, 이들을 모두 함양에 묻어버려서 천하 사람들로 하여금 알게 하여 뒷 사람들을 경계하였고, 더욱 귀양 갈 사람을 징발하여 변방으로 이사시켰다.

시황제의 장자 영부소(嬴扶蘇)가 간하였다.

"제생들은 모두 공자의 말씀을 외우고 본받는데, 이제 황상께서는 무거운 법률로 이들을 묶어버리니, 신은 천하가 불안할까 걱정입니다."

시황제가 노하여 영부소로 하여금 북쪽으로 가서 상군(上郡)에서 몽념(蒙恬)의 군대를 감독하게 하였다.

원문

3 盧生說始皇曰: "方中: 人主時爲微行以辟惡鬼. 惡鬼辟 眞人至. 願上所居宮毋令人知 然後不死之藥殆可得也!" 始皇曰: "吾慕眞人!" 自謂 '眞人' 不稱 '朕'. 乃令咸陽之旁二百里內宮觀二百七十 復道·甬道相連 帷帳·鐘鼓·美人充之 各案署不移徙. 所行幸 有言其處者罪死. 始皇幸梁山宮 從山上見丞相車騎衆 弗善也. 中人或告丞相 丞相後損車騎. 始皇怒曰: "此中人泄吾語!" 案問 莫服 捕時在旁者盡殺之. 自是後 莫知行之所在. 羣臣受決事者 悉於咸陽宮.

　侯生·盧生相與譏議始皇 因亡去. 始皇聞之 大怒曰: "盧生等 吾尊賜之甚厚 今乃誹謗我! 諸生在咸陽者 吾使人廉問 或爲妖言以亂黔首." 於是使御史悉案問諸生. 諸生傳相告引 乃自除犯禁者四百六十餘人 皆阬之咸陽 使天下知之 以懲後; 益發謫徙邊. 始皇長子扶蘇諫曰: "諸生皆誦法孔子. 今上皆重法繩之 臣恐天下不

진 시황의 아방궁(기원전 212년)

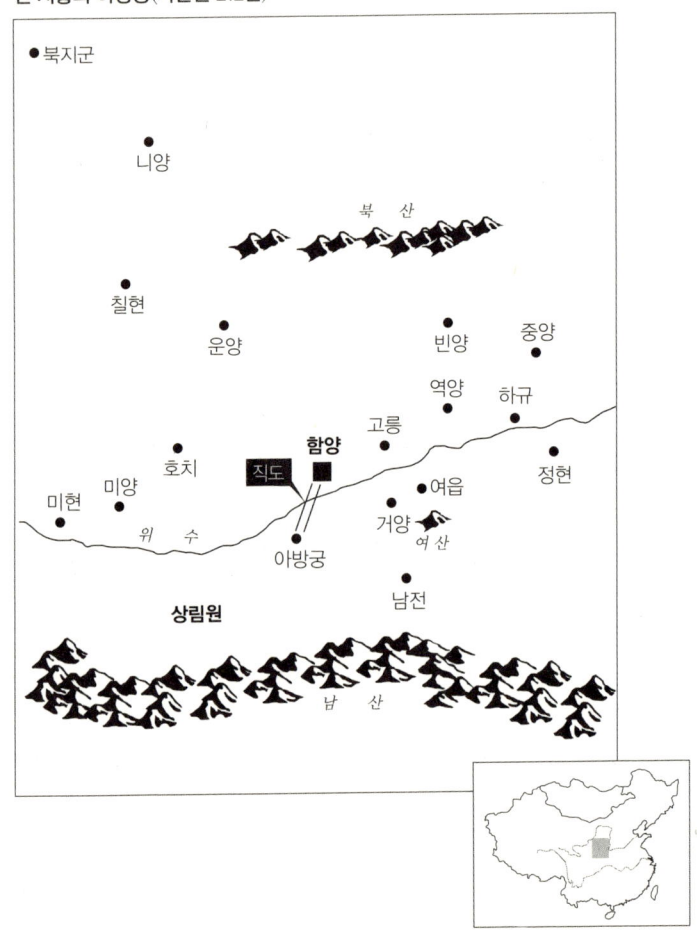

安." 始皇怒 使扶蘇北監蒙恬軍於上郡.

【강목|절요】*

평설

 진 시황제는 최고의 권력을 누리면서 스스로 불사약을 구할 수 있을 것이라는 기대 속에서 진인(眞人)을 자처하였다. 그리고 모든 것을 비밀에 붙이고, 이를 어기는 사람을 다 죽이는 조치를 취하였다. 그 가운데 가장 끔찍한 것은 자신을 비방하고 이를 유포할 가능성이 있다고 생각하여 유학을 공부하는 제생 460명을 모두 땅에 파묻어 버린 일이다. 이것은 책을 불사른 분서와 더불어 시황제가 후세에 가장 비난 받는 사건이다.

 진 시황제는 장자인 부소의 비판마저 수용하지 못하고 몽념이 있는 변방으로 쫓아낸다. 이 사건은 후에 진 시황제가 죽었

---

* 【강목】 (목) 盧生說 始皇為微行 以辟惡鬼 所居宮毋令人知 然後不死之藥殆可得也 始皇乃令咸陽旁三百里內宮觀 複道 相連帷帳 鐘鼓美人充之 各按署不移徙 所行幸有言其處者死 嘗從梁山宮望見丞相車騎 衆弗善也 或告丞相 丞相損之 始皇怒曰 此中人泄吾語 捕時在旁者盡殺之 是後 莫知行之所 在羣臣受決事者 悉於咸陽宮 (강) 阬諸生四百六十餘人 使長子扶蘇監蒙恬軍 (목) 侯生盧生相與譏議始皇 因亡去 始皇聞之 大怒曰 諸生或為妖言以亂黔首 使御史按問之 諸生傳相告引 乃自除犯禁者四百六十餘人 皆阬之咸陽 長子扶蘇諫曰 諸生皆誦法孔子 今以重法繩之 臣恐天下不安 始皇怒 使北監蒙恬軍於上郡 【절요】 ○侯生·盧生相與譏議始皇, 因亡去. 始皇聞之, 大怒曰:「盧生等, 吾尊賜之甚厚. 今乃誹謗我! 諸生在咸陽者, 吾使人廉問, 或為妖言以亂黔首.」於是使御史悉按問諸生. 諸生傳相告引, 乃自除犯禁者四百六十餘人, 皆坑之咸陽. 始皇長子扶蘇諫曰:「諸生皆誦法孔子. 今上皆重法繩之, 臣恐天下不安.」 始皇怒, 使扶蘇北監蒙恬軍於上郡.

을 때에 부소가 뒤를 잇지 못하고 그 아우 호해가 뒤를 잇게 되는 원인이 된다.

그런데 《절요》에서는 진 시황제가 불사약을 구하려고 진인이 되기를 바란 사건을 기록하지 않고 노생 등이 진 시황제를 비난하고, 그 때문에 제생 460명이 갱살(坑殺)되는 일과 부소의 일만 기록하였다.

《강목》은 노생이 시황제에게 건의한 일은 〔강〕으로 잡지 않고 〔목〕으로 정리하고 있다. 그리고 제생을 갱살한 사건을 〔강〕으로 잡고 있다. 이러하게 본다면 일견 제생갱살이라는 〔강〕을 있게 한 제생들의 시황제 비판을 앞에다 〔목〕으로 놓아 체계에서 맞지 않고 있다. 오히려 재생갱살의 〔강〕을 노생 앞으로 정리하는 것이 《강목》의 체제에 맞을 것 같다.

시황제에 나타난 불길한 징조

원문번역

시황제 36년(庚寅, 기원전 211년)

1. 동군(東郡, 하북성 濮陽縣)에 운석(隕石)이 떨어졌다. 어떤 사람이 그 돌에 새겨서 말하였다.

    "시황제는 죽고 땅이 갈라진다."

    시황제가 어사(御史)를 시켜서 쫓아가서 묻게 하였으나 자복하는 사람이 없자 그 돌 근처에 사는 사람은 모두 잡아서 죽이고, 그 돌을 불에 구웠다.

2. 하북(河北)과 유중(楡中)의 3만 가구를 이사시키고, 이들에게 작위 1급을 내려주었다.

원문

三十六年

1. 有隕石于東郡 或刻其石曰: "始皇死而地分." 始皇使御史逐問 莫服; 盡取石旁居人誅之 燔其石.

2. 遷河北楡中三萬家; 賜爵一級.

【강목|절요】*

평설

　진 시황제에게 불길한 현상이 있다는 기록이다. 운석이 떨어졌고, 어떤 사람이 그 돌에 진 시황은 죽고 하나로 통일 된 나라는 갈라질 것이라는 예언성 말을 새겨 놓았다.

　이 때문에 진 시황제는 그 돌 근처 사는 사람들을 다 죽이는 만행을 저질렀다. 그리고는 하북과 유중 사람들은 작위를 1급씩 올려주었다. 하북이란 북하(北河)의 북쪽인데, 북하는 해하(海河)라고 하는 화북지구의 가장 큰 하류이다. 또한 유중은 감숙성 난주에 있는데 위치로 보아 사민에 따른 보상을 한 것이다.

　이 내용은 《절요》에서는 생략하였지만 《강목》에서는 대체적으로 다 기록하고 있다. 운석이 떨어진 것을 〔강〕으로 잡아서 자연현상이 인간의 길흉의 전조(前兆)인 것처럼 느낄 수 있도록 하였다.

---

* 【강목】(강) 庚寅 三十六年 隕石東郡 (목) 有隕石于東郡 或刻之曰 始皇死而地分 使御史逐問莫服 盡誅石旁居人 燔其石 【절요】 내용생략

비밀에 붙여진 시황제의 죽음

원문번역

시황제 37년(辛卯, 기원전 210년)

1 겨울, 10월 계축일(7일)에 시황제가 외출하여 순유(巡遊)하였는데, 좌승상 이사(李斯)가 좇고, 우승상 거질(去疾)은 함양을 지키었다. 시황제는 20여 명의 아들 중에 작은아들 영호해(嬴胡亥)를 가장 사랑하였는데, 좇아가기를 청하자 황상이 이를 허락하였다.

11월에 순행(巡行)하여 운몽(雲夢, 호북성 安陸縣)에 이르러 구의산(九疑山, 호남성 寧遠縣 경계 지역)에서 우순(虞舜 ; 순임금)을 바라보면서 제사지냈다. 장강에 배를 띄워 내려가면서 적가(藉柯, 현재 지명 不明)를 구경을 하고 해저(海渚)를 건너 단양(丹陽, 안휘성 當涂縣)을 지나 전당(錢唐, 절강성 杭州市)에 이르러서 절강(浙江)에 다가갔다. 물의 파도가 험악하여 마침내 서쪽으로 120리를 가서 섬중(陜中, 강폭이 좁은 곳)에서 물을 건넜다. 회계(會稽, 절강성 紹興縣)에서 육지에 올라 대우(大禹 ; 우임금)에게 제사지내고, 남해(南海)를 바라보고 돌을 세워서 덕을 칭송하였다. 돌아오면서 오(吳)를 지나서 강승(江乘, 강소성 句容縣 북쪽)을 좇아서 물을 건넜다. 바다를 나란히 하여 북으로 가서 낭야(琅邪, 산동성 膠南縣)와 지부(芝罘, 산동성 烟台縣)에 이르러 큰 물고기를 보고 활로 쏘아 죽였다. 드디어 바다 서쪽을 나란히 하여 가서 평원진(平原津, 산동성 平原 부근)에 이르렀는데, 병이 났다.

시황제는 죽는다고 말하는 것을 싫어하여 여러 신하들이 감히 죽고 나서 해야 할 일들을 말하지 못하였다. 병이 더욱 심하여져서 마침내 시황제는 중거부령(中車府令)이며 행부새사(行符璽事)인 조고(趙高)에게 명령을 내려서 편지를 써서 영부소에게 내리게 하여 말하였다.

"상사(喪事)에 참여하고 함양(咸陽)에 모여서 장사지낼지어다."
편지가 이미 봉함이 되어 조고의 처소에 가 있었으나 아직은 사자에게 부치지 않았다.

가을, 7월 병인일(20일)에 시황제가 사구평대(沙丘平臺, 하북성 平鄕縣)에서 붕어하였다. 승상 이사(李斯)는 황상이 밖에서 붕어하자 여러 공자(公子)들과 천하가 변란을 일으킬까 두려워서 마침내 이를 비밀(秘密)로 하여 발상(發喪)하지 않고 관(棺)을 온량차(轀涼車, 냉방이 되는 수레)에 싣고서 과거에 총애하던 환관을 참승(驂乘, 호위하려고 같이 동승하는 사람)시켰다.

이르는 곳에서 식사를 올리고 백관들이 사실을 상주하는 것도 전처럼 하고, 그 환관이 번번이 수레 안에서 상주하는 일을 가(可)하다고 하게 하였다. 다만 영호해와 조고 그리고 총애 받는 환관 5~6명이 이를 알았다.

원문

三十七年

1 冬十月癸丑 始皇出游; 左丞相斯從 右丞相去疾守. 始皇二十餘子 少子胡亥最愛 請從 上許之.

十一月 行至雲夢 望祀虞舜於九疑山. 浮江下 觀籍柯 渡海渚 過丹陽 至錢唐 臨浙江. 水波惡 乃西百二十里 從陜中渡. 上會稽 祭大禹 望于南海; 立石頌德. 還 過吳 從江乘渡. 並海上 北至琅邪·之罘. 見巨魚 射殺之. 遂並海西 至平原津而病. 始皇惡言死 羣臣莫敢言死事. 病益甚 乃令中車府令行符璽事趙高爲書賜扶蘇曰: "與喪 會咸陽而葬." 書已封 在趙高所 未付使者. 秋 七月 丙寅 始皇崩 於沙丘平臺. 丞相斯爲上崩在外 恐諸公子及天下有變 乃祕之不發喪 棺載輼涼車中 故幸宦者驂乘. 所至 上食·百官奏事如故 宦者輒從車中可其奏事 獨胡亥·趙高及幸宦者五六人知之.

【강목|절요】*

---

*【강목】(강) 辛卯 三十七年 冬十月 帝東巡至雲夢 祀虞舜 上會稽祭大禹 立石頌德 秋七月 至沙丘崩 丞相李斯宦者趙高矯遺詔立少子胡亥爲太子 殺扶蘇蒙恬 還至咸陽 胡亥襲位 九月葬驪山 (목) 十月 始皇東巡 少子胡亥丞相李斯從 至雲夢望祀虞舜于九疑山 浮江下渡海渚 過丹陽至錢塘 渡浙江 上會稽祭大禹 望于南海立石頌德 北至琅邪之罘 西至平原津而病 始皇惡言死 羣臣莫敢言死事 病益甚 乃令中車府令行符璽事趙高爲書 賜扶蘇曰 與喪會咸陽而葬 未付使者 七月 始皇崩於沙丘 祕不發

진 시황의 사망여행(기원전 210년)

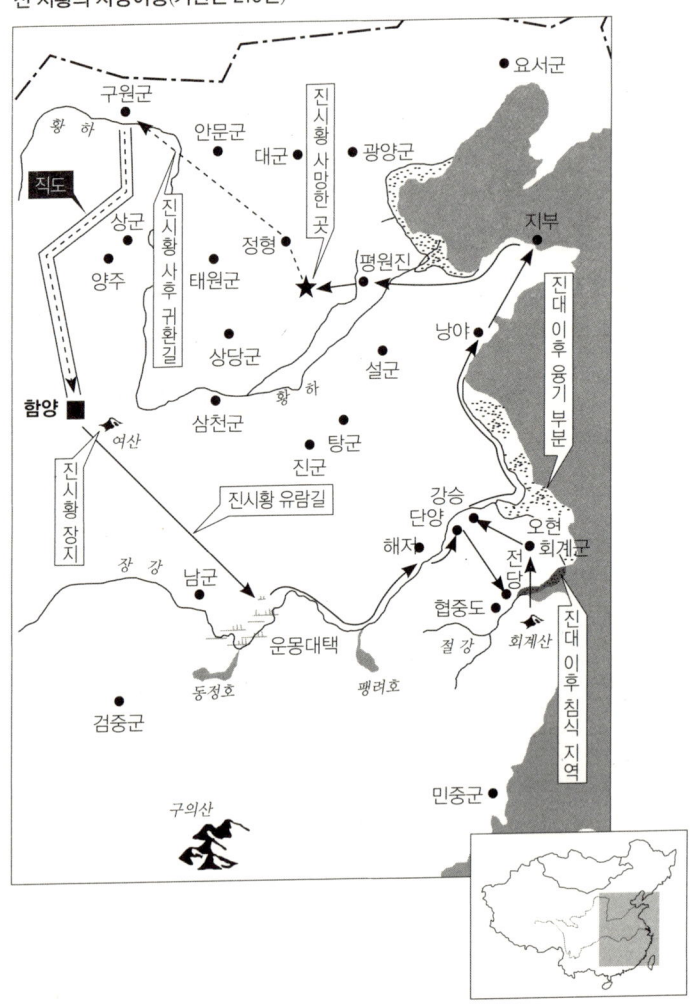

평설

 진 시황제는 다시 천하 순수를 떠난다. 이때에 그의 어린 아들 호해가 따라갔는데, 도중에 진 시황제는 병들어 죽었다.

 당시 진 시황제의 나이는 50세였으므로 보기에 따라서는 그가 죽은 것은 의외의 사건이었다. 아마도 스스로 진인이 되어서 불사약을 구하여 죽지 않을 수 있다는 기대를 가졌기 때문일 수도 있다. 그래서 그때까지 진 시황제는 자기가 죽은 이후에 대한 아무런 조치를 해 두지 않았다.

 진 시황제는 순수 도중에 병이 들자 변방으로 내보낸 장자 부소에게 함양으로 올 것을 전하는 편지를 썼으나, 이 편지가 발송되기 전에 죽었다.

 별안간에 황제의 죽음을 맞은 시종들은, 특히 승상 이사는 시황제의 죽음이 알려지면 그동안 억눌려 지냈던 사람들이 반란을 일으킬지도 모른다는 생각 때문에 이를 비밀에 붙이고 함양으로 돌아오려고 하였다.

 그래서 진 시황제를 좇아갔던 많은 사람들을 속이고 불과 5~6명만이 시황제의 죽음을 알고 있었다. 진나라의 황제 계승 문제가 원활하게 될 수 없는 조건이 형성된 것이다.

喪 棺載輼凉車中 所至上食奏事如故 獨胡亥趙高與幸宦者 五六人知之【절요】辛卯 三十七年.冬, 十月, 始皇出遊；左丞相斯從, 少子胡亥最愛, 請從；上許之.西至平原津而病.秋, 七月, 丙寅, 始皇崩於沙丘平臺.丞相斯為上崩在外, 恐諸公子及天下有變, 乃秘之不發喪, 獨胡亥·趙高及幸宦者五六人知之.

《절요》에서는 이를 간단히 적고 있는데, 시황제가 편지를 써 놓았으나 부소에게 전달되지 못한 것은 적지 않아 환관 조고의 부정적 행위를 분명하게 짚지 않았다. 《강목》에서는 그 후에 장사지낸 부분까지 강으로 적고 있어서 이 사건이 전체적으로 두 부분으로 이해해야 하는 문제를 간과하였다.

권력을 잡으려는 환관 조고의 사술

원문번역

  처음에, 시황제는 몽씨(蒙氏)를 존중하고 총애하여 이들을 신임하였다. 몽념은 외장(外將)을 맡았고, 몽의(蒙毅)는 항상 중앙에 살면서 모의하는 논의에 참여하였고, 이름하여 충성스럽고 신임이 있다고 하였으니 그러므로 비록 여러 장상(將相)들이라도 감히 그와 더불어 다투지 않았다.

  조고(趙高)란 사람은 나면서부터 은궁(隱宮, 궁형)이었는데, 시황제는 그가 강력하고 옥사(獄事)에 관한 법에 통달하였다는 말을 듣고, 그를 발탁하여 중거부령으로 삼고, 영호해에게 옥사를 결판하는 일을 가르치게 하였는데, 영호해도 그를 총애하였다.

  조고가 죄를 지어서 시황제가 몽의로 하여금 그를 다스리게 하였는데, 몽의는 '조고는 법으로 마땅히 사형에 처해야 한다.'고 하였다. 시황제는 조고가 일에서 민첩하였기 때문에 그를 사면해주고 그 관직도 복구하여주었다.

조고는 이미 영호해에게 평소부터 총애를 받았고, 또한 몽씨를 원망하여 마침내 영호해를 설득하며, 시황제가 영부소를 주살하고 영호해를 세워 태자로 삼으라고 명령하였다고 속이게 해달라고 하였다. 영호해는 그 계책을 그렇겠다고 하였다.
조고가 말하였다.
"승상과 서로 모의하지 않으면 아마도 일이 이루어질 수 없을까 걱정입니다."
마침내 승상 이사를 보고 말하였다.
"황상이 장자〈부소〉에게 내린 편지와 부새(符璽: 비밀부호와 옥새)가 모두 영호해의 처소에 있습니다. 태자를 정하는 것은 그대 군후(君侯, 이사)와 저 조고의 입에 달려 있을 뿐입니다. 일이 장차 어찌 될 것 같습니까?"
이사가 말하였다.
"어찌 나라를 망칠 말을 할 수 있겠는가? 이러한 일은 신하된 사람이 마땅히 논의해야 할 일이 아니오."
조고가 말하였다.
"군후의 재능과 꾀를 내어 생각하는 것, 높이 공로를 세운 것, 그리고 원망을 안 받는 것과 장자가 신임하는 것이 있는데, 이 다섯 가지에서 모두 몽념과는 어떠합니까?"
이사가 말하였다.
"미치지 못하오."
조고가 말하였다.

"그렇다면 장자가 즉위하면 반드시 몽념을 써서 승상을 삼을 것이고, 군후께서는 끝내 통후(通侯, 열후)의 인장을 품어 보지도 못하고 향리로 돌아갈 것이 분명하군요. 영호해는 어질고 두터워서 후사가 될 만합니다. 바라건대 그대가 살펴 계책을 세워서 이를 정하십시오."

승상 이사는 그러할 것이라고 여기고 마침내 서로 함께 모의하여 거짓으로 시황제의 조서를 받은 것으로 하고 영호해를 세워서 태자로 삼고, 다시 편지를 영부소에게 내려서 땅을 개척하여 공로를 세우지 못하고 사졸을 많이 소모시킨 것을 헤아리고, 편지를 올려서 직언하여 비방한 것도 헤아리며, 밤낮으로 원망하니 직책을 파(罷)하고 돌아와 태자가 될 수 없다고 하고 장군 몽념이 이러한 것을 고쳐주지 않고 그가 꾀하는 것을 모두 알았으니, 모두에게 죽음을 하사하고, 군사는 비장(裨將) 왕리(王離)에게 맡기도록 하였다.

영부소가 편지를 펴보고는 울면서 내실로 들어가서 자살하고자 하였다. 몽념이 말하였다.

"폐하는 밖에 계시고 아직 태자를 세우지 않았는데, 신으로 하여금 30만 명의 무리를 거느리고 변방을 지키라고 하였고, 공자(公子)는 감(監, 감독자)이시니, 이는 천하의 무거운 임무입니다. 이제 한 명의 사자가 오자 바로 자살하려고 하는데 그것이 속이는 것이 아닌 것을 어찌 알겠습니까? 다시 청하여본 다음에 죽는다 하여도 늦지는 않습니다."

사자는 자주 이들을 재촉하였다.

영부소가 몽념에게 말하였다.

"아버지가 아들에게 죽음을 내렸는데, 오히려 어찌 다시 청해 본다는 말이오."

바로 자살하였다.

몽념이 죽으려 하지 않자 사자는 관리에게 위촉하여 그를 양주(陽周, 섬서성 安定縣)에 가두었고 이사의 사인을 호군(護軍)으로 바꾸어놓고 돌아가서 보고하였다. 영호해는 이미 영부소가 죽었다는 소식을 듣고 바로 몽념을 석방하고자 하였다. 마침 몽의(蒙毅)가 시황제를 위하여 산천에 가서 기도를 하고 돌아왔다.

조고가 영호해에게 말하였다.

"먼저 돌아가신 황제께서는 이미 똑똑한 사람을 들어서 태자를 삼고자 한 것이 오래 되었으나 몽의가 간하여 할 수 없다고 여긴 것이니 그를 주살하는 것만 못합니다."

이에 그를 대(代, 하북성 蔚縣)에 가두었다.

드디어 정형(井陘, 하북성 井陘縣)에서 구원(九原, 내몽고 包頭市)에 이르렀다. 마침 무더워져서 온차(轀車)에서는 냄새가 나니 마침내 따르는 관리들에게 조서를 내려서 수레에는 1석(石)의 포어(鮑魚)를 싣게 하여 이를 혼란스럽게 했다. 그리고 곧은 길[直道]을 따라서 함양에 이르러 발상(發喪)하였다. 태자 영호해가 황제의 자리를 이어받았다.

9월에 시황제를 여산(驪山)에 장사지냈는데, 지하는 삼천(三泉)을 막았고, 기이한 그릇과 진기하고 괴상한 보물들을 옮겨서 여기에 가득 채웠다. 장인(匠人)들에게 명령하여 기노(機弩)를 만들어서 뚫고 가까이 오는 사람이 있으면 번번이 이를 발사하게 하였다. 수은(水銀)으로 많은 개천과 강하(江河)와 큰 바다를 만들고 기계로 서로 물이 흐르도록 하였다.

위로는 천문을 갖추었고, 아래로는 지리를 갖추었다. 후궁으로 아들이 없는 자는 모두 따라서 죽게 하였다. 장사를 다 지낸 후에 어떤 사람이 말하였다. '공장(工匠)들이 기계를 만들어 감추어놓았는데, 모두 이를 알고 있으니, 중요한 것을 감춘 것이 바로 누설될 것이라.' 큰 일이 다 끝나자 이들을 묘 속에 가두었다.

원문

初 始皇尊寵蒙氏 信任之. 蒙恬任外將 蒙毅常居中參謀議 名爲忠信 故雖諸將相莫敢與之爭. 趙高者 生而隱宮; 始皇聞其强力 通於獄法 擧以爲中車府令 使敎胡亥決獄; 胡亥幸之. 趙高有罪 始皇使蒙毅治之; 毅當高法應死 始皇以高敏於事 赦之 復其官. 趙高旣雅得幸於胡亥 又怨蒙氏 乃說胡亥 請詐以始皇命誅扶蘇而立胡亥爲太子. 胡亥然其計. 趙高曰: "不與丞相謀 恐事不能成." 乃見丞相斯曰: "上賜長子書及符璽 皆在胡亥所. 定太子 在君侯與高之口耳. 事將何如?" 斯曰: "安得亡國之言! 此非人臣所當議也!" 高曰: "君

侯材能·謀慮·功高·無怨·長子信之 此五者皆孰與蒙恬?" 斯曰: "不及也." 高曰: "然則長子卽位 必用蒙恬爲丞相 君侯終不懷通侯之印歸鄕里明矣! 胡亥慈仁篤厚 可以爲嗣. 願君審計而定之!" 丞相斯以爲然 乃相與謀 詐爲受始皇詔 立胡亥爲太子; 更爲書賜扶蘇 數以不能闢地立功 士卒多耗 數上書 直言誹謗 日夜怨望不得罷歸爲太子; 將軍恬不矯正 知其謀; 皆賜死 以兵屬裨將王離.

扶蘇發書 泣 入內舍 欲自殺. 蒙恬曰: "陛下居外 未立太子; 使臣將三十萬衆守邊 公子爲監 此天下重任也. 今一使者來 卽自殺 安知其非詐! 復請而後死 未暮也." 使者數趣之. 扶蘇謂蒙恬曰: "父賜子死 尙安復請!" 卽自殺. 蒙恬不肯死 使者以屬吏 繫諸陽周; 更置李斯舍人爲護軍 還報. 胡亥已聞扶蘇死 卽欲釋蒙恬. 會蒙毅爲始皇出禱山川 還至. 趙高言於胡亥曰: "先帝欲擧賢立太子久矣 而毅諫以爲不可; 不若誅之!" 乃繫諸代.

遂從井陘抵九原. 會暑 輼車臭 乃詔從官令車載一石鮑魚以亂之. 從直道至咸陽 發喪. 太子胡亥襲位.

九月 葬始皇於驪山 下錮三泉; 奇器珍怪 徙藏滿之. 令匠作機弩 有穿近者輒射之. 以水銀爲百川·江河·大海 機相灌輸. 上具天文 下具地理. 後宮無子者 皆令從死. 葬旣下 或言工匠爲機藏 皆知之 藏重卽泄. 大事盡 閉之墓中.

【강목|절요】*

---

* 【강목】(목) 初始皇尊寵蒙氏恬任外將 毅常居中參謀議 名爲忠信 趙高者 生而隱

평설

  이 부분은 진 시황제가 죽은 다음에 조고가 권력을 장악하는 과정을 서술한 것이다. 조고는 부소 대신에 호해를 황제로 세우기 위하여 부소를 제거하고, 권력을 장악하고 있는 몽씨 집안의 몽념과 몽의를 제거하려고 한다. 이를 효과적으로 추진하기 위하여 승상 이사를 자기의 계획에 끌어 들였다.

  조고는 이사를 자기편으로 만든 다음에 진 시황의 위조편지로 부소를 자살하게 하고 자기에게 호의적이지 아니하였던 몽념과 몽의를 제거하고 호해로 하여금 진 시황제의 뒤를 이어 황제가 되게 한다. 그가 바로 2세 황제이다. 그리고 진 시황제의 무덤을 아무도 도굴할 수 없도록 단단하게 만들었다.

宮 始皇聞其强力 通獄法 以爲中車府令 使敎胡亥決獄 嘗有罪 使毅治之當死 始皇赦之 高旣雅得幸於胡亥 又怨蒙氏乃與胡亥謀詐以始皇命誅扶蘇 而立胡亥爲太子 胡亥然之 高曰 不與丞相謀 恐事不成 乃見李斯曰 上賜長子書及符璽 皆在胡亥所定 太子在君侯與高之口耳 事將何如 斯曰 安得亡國之言 此非人臣所當議也 高曰 君侯材能智慮功高無怨 長子信之孰與蒙恬 斯曰 皆不及也 高曰 長子卽位必用恬爲丞相 君侯終不懷通侯之印 歸鄕里明矣 胡亥慈仁篤厚 可以爲嗣 願君審計而定之 斯以爲然 乃相與矯詔 立胡亥爲太子 更爲書賜扶蘇 數以不能立功 數上書誹謗怨望 而恬不矯正 皆賜死 扶蘇發書 泣欲自殺 恬曰 陛下使臣將三十萬衆守邊 公子爲監 此天下重任也 今一使者 來安知其非詐 復請而死未暮也 扶蘇曰 父賜子死 尙安復請卽自殺 恬不肯死 繫諸陽周 更置李斯舍人爲護軍 還報 胡亥欲釋 恬會毅出禱山川還 高曰 先帝欲立太子久矣 而毅以爲不可 乃繫諸代遂從井陘九原直道至咸陽 發喪胡亥襲位 是爲二世皇帝 九月葬始皇帝於驪山下 錮三泉 奇器珍怪徙藏滿之 令匠作機弩有穿近者 輒射之 上具天文下具地理 後宮無子者 皆令從死工匠爲機者 皆閉之墓中【절요】趙高乃與丞相斯, 詐爲受始皇詔, 立胡亥爲太子；更爲書賜扶蘇, 數以不能闢地立功, 上書誹謗, 將軍恬不矯正, 知其謀；皆賜死, 扶蘇自殺° 胡亥至咸陽, 發喪襲位 九月, 葬始皇於驪山下

일개 환관이며 겨우 부새를 관장하는 임무를 가진 조고가 중대한 음모를 관철시켰다. 《자치통감》에서는 조고가 이러한 위치에 오기까지의 일을 '애초에'라는 말로 설명하여 그가 등장한 내력을 써서 독자들의 궁금증을 풀어주고 있다.

　이사는 승상이어서 이를 막을 수 있는 위치에 있었지만, 조고의 계획에 동의하지 않고 순리대로 부소를 등극하게 한다면 자기의 지위가 위태로울까 걱정하는 마음에서 조고의 계획에 동의한다. 자기의 이익을 위해 조고의 부당하고 불법적인 일에 동의하고 동참하였다. 따지고 보면 이사는 똑똑하지만 멀리 보는 지혜가 없었다.

　이것은 진나라가 기울어지게 되는 중요한 단초이기에 《절요》와 《강목》에서는 똑같이 다 싣고 있다. 물론 《절요》는 아주 간략하게 기록하였고, 《강목》에서는 앞에서 '秋七月 至沙丘崩 丞相李斯宦者趙高矯遺詔立少子胡亥爲太子 殺扶蘇蒙恬 還至咸陽 胡亥襲位 九月葬驪山'라는 [강]을 두었기 때문에 여기서는 [목]으로만 설명하고 있다.

주살되는 몽씨들

원문번역

2 2세 황제는 몽념 형제를 주살하고자 하였다. 2세의 형의 아들인 영자영(嬴子嬰)이 간하였다.

"조왕 조천(趙遷)이 이목(李牧)을 죽이고 안취(顔聚)를 등용하였으며, 제왕 전건(田建)이 그 옛날 대대로 내려오는 충신을 죽이고 후승(后勝)을 등용하였다가 끝내 모두 나라를 망쳤습니다.

몽씨는 진의 대신이며, 지모를 가진 인사인데 폐하께서 하루 아침에 그들을 버려 없애려고 합니다. 충신을 주살하고 절개와 행실이 없는 사람을 세운다면, 이는 안으로는 여러 신하들로 하여금 서로 믿지 못하게 할 것이고, 밖으로는 투사들의 뜻이 떨어져 나가게 할 것입니다."

2세는 듣지 않고 드디어 몽의와 내사 몽념을 죽였다.

몽념이 말하였다.

"나의 선대에서부터 자손에 이르기까지 진에 공로와 신의를 쌓은 것이 3대입니다. 이제 신이 군사 30여만을 거느리고 있으니, 몸은 비록 죄수로 묶여 있으나 그 세력은 충분히 배반할 수 있습니다. 그러나 스스로 반드시 죽더라도 의를 지켜야 될 것을 아니 감히 선대의 할아버지들이 가르치신 것을 욕되게 아니하여 돌아가신 황제를 잊지 않겠습니다."

마침내 약을 먹고 자살하였다.

원문

2. 二世欲誅蒙恬兄弟. 二世兄子子嬰諫曰: "趙王遷殺李牧而用顔聚 齊王建殺其故世忠臣而用后勝 卒皆亡國. 蒙氏 秦之大臣·謀士也 而陛下欲一旦棄去之. 誅殺忠臣而立無節行之人 是內使羣臣不相信而外使鬪士之意離也!" 二世弗聽 遂殺蒙毅及內史恬. 恬曰: "自吾先人及至子孫 積功信於秦三世矣. 今臣將兵三十餘萬 身雖囚繫 其勢足以倍畔. 然自知必死而守義者 不敢辱先人之敎以不忘先帝也!" 乃吞藥自殺.

【강목|절요】*

평설

조고가 2세 황제 호해를 시켜서 진나라의 중추적 역할을 하

---

*【강목】(목) 二世欲遂殺蒙恬兄弟 兄子子嬰諫曰 蒙氏秦之大臣謀士也 一旦棄之 而立無節行之人 是使羣臣不相信而鬪士之意離也 弗聽 恬曰 吾積功信於秦三世矣 今將兵三十餘萬 其勢足以倍畔 然自知必死而守義者 不敢辱先人之敎以不忘先帝也 乃吞藥自殺【절요】내용없음

였던 몽념과 몽의 형제를 죽이려고 하였다. 그러자 호해의 조카이며 죽은 부소의 아들인 자영이 그러면 나라가 위태로워진다고 간언을 하지만 2세 황제는 이를 듣지 않는다. 그리고 몽념·몽의 형제도 자기 선대로부터 지켜온 진나라에 대한 충성심으로 반발하지 않고 자살로 끝을 맺는다.

　이 사건을 《절요》에서는 하나도 기록하지 않았고 《강목》에서는 줄거리는 기록하였다. 그러나 영자영이 2세 황제에게 몽씨 형제를 모해하려는 것을 막으려고 간언한 내용 가운데, 먼저 역사적인 사실인 전국시대에 조나라와 제나라에서 충신을 죽인 다음에 나라가 위태로워졌다는 예를 든 것을 다 빼어버렸다. 그러므로 영자영이 간언한 논리를 이해할 수 없게 하였다.

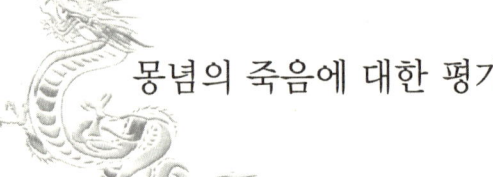

몽념의 죽음에 대한 평가

원문번역

양자(揚子)의 ≪법언(法言)≫에서 말하였습니다.

어떤 이가 물었다. '몽념은 충성하다가 주살되었는데, 충성이란 것은 어찌 해볼 만한 것인가?' 말하였다. '산을 깎고 골짜기를 메우면서 임조(臨洮, 감숙성 임조현)에서 시작하여 요수(遼水)를 쳤는데, 힘은 부족하였고 시체는 항상 남아돌아갔으니 충성을 상쇄(相殺)하기에는 부족하다.'

신 사마광이 말씀드립니다.

시황제는 바야흐로 천하에 해독을 끼쳤으며, 몽념은 그를 위하여 일을 하였으니, 몽념의 어질지 못함을 알 수가 있습니다. 그러나 몽념은 신하된 사람으로서의 의를 밝혔으니, 비록 죄 없이 죽임을 당하면서도 죽음으로 둘을 섬기지 않는다는 것을 지킬 수 있었으니, 이는 또한 칭찬할 만합니다.

원문

揚子法言曰: 或問: "蒙恬忠而被誅 忠奚可爲也?" 曰: "塹山 堙谷 起臨洮擊遼水 力不足而屍有餘 忠不足相也."

臣光曰: 始皇方毒天下而蒙恬爲之使 恬不仁可知矣. 然恬明於爲人臣之義 雖無罪見誅 能守死不貳 斯亦足稱也.

【강목|절요】*

평설

몽념의 죽음에 관하여 《자치통감》에는 양웅과 사마광의 비평을 실었다. 양웅은 몽념이 힘이 부족하였으니 실제로 2세 황제에게 반란할 힘이 없었을 것으로 판단하였던 것 같다.

말하자면 겉으로 힘 있는 척 한 허세를 지적한 셈이다. 사마광은 진 시황의 잘못하는 정치를 보고도 못 본척한 잘못이 있다고 지적하면서도 그래도 반란하지 않고 신하로서의 본분을 지킨 것은 칭찬할 만하다고 하였다.

그런데 이러한 평가를 《절요》에서는 근본적으로 싣지 않았고, 《강목》에서는 사마광의 평론만을 싣고 양웅의 것은 빼 버리었다. 《강목》과 《절요》의 편집자들의 기본적인 생각의 일단을 볼 수 있는 부분이다.

---

*【강목】 司馬公曰 秦始皇方毒天下 而蒙恬為之使 其不仁可知矣 然明於為人臣之義 雖無辜見誅 能守死不貳 斯亦足稱也 【절요】 내용없음

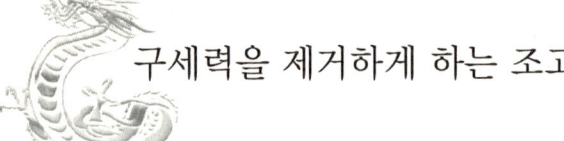
구세력을 제거하게 하는 조고

원문번역

2세 황제(二世皇帝) 원년(王辰, 기원전 209년)

1 겨울, 10월 무인일(7일)에 대대적으로 사면하였다.

2 봄에 2세 황제는 동쪽으로 가서 군현들을 순행하였는데, 이사가 좇아갔으며 갈석(碣石, 하북성 昌黎縣)에 도착하였다가 바다와 나란히 하여 남쪽으로 내려가서 회계(會稽, 절강성 紹興縣)에 이르렀고, 시황제가 세운 새긴 돌[刻石]을 다 새기고 옆에 대신으로 시종한 사람의 이름을 새겨서 먼저 가신 황제의 성공함과 큰 덕을 표양하고 돌아왔다.

여름, 4월에 2세 황제가 함양에 이르러서 조고에게 말하였다. "무릇 사람이 세상에 사는 것은, 비유컨대 여섯 천리마가 끄는 마차를 타고 조그만 틈새를 지나는 것 같구려. 나는 이미 천하에 다가갔으니, 눈과 귀가 좋아하는 것을 모두 하고 싶고, 마음에서 즐기는 것을 끝까지 하면서 나의 수명을 마칠까 하는데 할 수 있겠소?"

조고가 말하였다.

"이는 똑똑한 임금은 실행할 수 있는 것이며 아둔하고 혼란한 군주는 금하는 것입니다. 비록 그렇다고 하더라도 아직 할 수 없는 것이 있는데 신이 청컨대 이를 말씀드리도록 하여주십시오. 무릇 사구(沙丘, 하북성 平鄕縣)에서의 모의한 것을 여러 공자(公子)들과 대신들이 모두 의심을 하고 있는데, 여러 공자는 모두 황제의 형들이고, 대신들은 또한 돌아가신 황제가 둔 사람들입니다.

지금은 폐하께서 처음 섰으니, 이것은 그들이 속으로 원망하며 불복하여 변란을 일으킬까 걱정하는 것이며, 신이 전전긍긍하는 것은 오직 끝까지 잘 나가지 못할까 두려워하는데, 폐하께서는 어찌 이것으로 즐기려고 하십니까?"

2세 황제가 말하였다.

"이를 위하여 어떻게 해야 하오?"

조고가 말하였다.

"폐하께서는 법을 엄격하게 하여 형벌을 혹독하게 시행하고, 죄지은 사람은 서로 연좌하게 하여 대신과 종실 사람들을 주멸하고, 그런 다음에 유민을 거두어 임용하고 가난한 사람들을 부유하게 만들고 천한 사람들을 귀하게 하십시오.

돌아가신 황제의 옛 신하들을 모두 제거하시고 폐하께서 친하다고 여기고 믿는 사람들로 바꾸어 임용하는데, 이렇게 하면 음덕이 폐하에게 돌아올 것이며, 해로움이 제거되고 간사한 모의가 막히며, 여러 신하들이 윤택함을 입지 않는 사람이 없고 두터운 덕을 입을 것이니 폐하는 베개를 높이 하고 뜻 먹은 대로 마음대로 하고 즐거움을 누릴 수 있을 것입니다. 계책 가운데 이보다 뛰어넘는 것은 없습니다."

2세 황제가 그렇다고 여겼다.

마침내 다시 바꾸어 법률을 만드는데 더욱 각박하고 심하게 하는데 힘쓰니, 대신들과 여러 공자들이 죄를 얻게 되어 번번이 조고에게 내려 보내서 그들을 국문하여 다스렸다. 이에 공자 12명을 함양의 저자에서 욕보여 죽였으며, 10명의 공주가 두(杜, 섬서성 서안시 서쪽 경계 지역)에서 탁형(矺刑, 몽둥이로 죽이는 형벌) 으로 죽었고, 재물은 모두 현관(縣官, 관부)으로 들여보냈으니, 서로 연좌되어 체포된 사람이 헤아릴 수가 없었다.

공자 영장려(嬴將閭)의 형제 세 명이 내궁(內宮)에 구금되었는데, 그 죄를 논의하는 것을 다만 뒤로 미루었다. 2세 황제가 사자를 시켜서 영장려에게 명령하였다.

"공자는 신하 노릇을 아니하였으니 그 죄는 사형에 해당한다."

관리는 법을 시행하려 하였다.

영장려가 말하였다.

"궁궐과 조정에서의 예의에서 나는 아직도 일찍이 감히 빈찬(賓贊, 의식 진행자)을 좇지 않은 일이 없었고, 낭묘(廊廟, 조정)의 서열을 지키는 것에서도 나는 아직 일찍이 감히 절도를 잃은 적이 없었으며, 명을 받고 대답하는 것에서도 나는 일찍이 실수하는 말을 한 일이 없는데, 어찌하여 신하 노릇을 아니했다고 하십니까? 바라건대 죄목을 들은 다음에 죽게 하여주십시오."
사자가 말하였다.
"신은 함께 모의할 수 없고, 편지를 받들어서 일을 좇습니다."
영장려가 마침내 하늘을 우러러보며 크게 '하늘아!'라고 부르짖는 것이 세 번이었고 말하였다.
"나는 죄가 없다."
형제 세 사람이 모두 눈물을 흘리고 칼을 뽑아서 자살하였다. 종실들이 떨고 두려워하였다.
공자 영고(嬴高)가 달아나려고 하였으나 가족들이 잡힐까 두려워서 마침내 편지를 올려서 말하였다.
"돌아가신 황제께서 무고(無恙, 健在)하실 때 신이 궁궐 문에 들어가면 음식을 내려주시고, 나갈 때는 가마를 탔으며, 어부(御府, 황실창고)의 옷도 내려주심을 신은 받았습니다. 궁중 마구간의 보배스런 말도 신은 내려주심을 얻었습니다.
신은 마땅히 따라서 죽어야 하나 그렇게 할 수 없었으니, 아들 된 입장에서는 불효한 것이며 신하 된 입장에서도 불충하였습니다. 불효하고 불충한 사람은 세상에 서 있을 명목이 없으니 신이 청컨대 좇아 죽게 해주시고, 바라건대 여산(驪山)의 발뒤꿈치에 장사지내주십시오. 오직 황상께서 이를 애달프고 가련하게 생각하시면 다행이겠습니다."

편지가 올라가니 2세 황제가 크게 기뻐하여 조고를 불러서 이를 보이면서 말하였다.

"이는 급한 일이라고 할 수 있겠는가?"

조고가 말하였다.

"신하 된 사람들이 마땅히 죽음을 근심할 여가조차 없는데 어찌 변고를 일으킬 모의를 할 수 있습니까?"

2세 황제는 그 편지를 옳다고 하고, 10만의 전을 내려주어 장사지내게 하였다.

다시 아방궁을 지었다. 재사(材士) 5만 명을 다 징집하여 함양에 주둔하면서 보위하게 하고 활 쏘는 것을 가르치게 하였다. 개와 말과 금수들이 먹어야 할 것이 많으니, 헤아려서 부족한 것을 아래로 군현에서 조달하게 하여 콩·조·잡곡과 꼴을 운반하여 왔는데, 운반하는 사람은 모두 스스로 양식을 갖고 오도록 명령하니, 함양 근처 300리 안에서는 그 곡식을 얻어먹을 수가 없었다.

원문

元年

1 冬十月 戊寅 大赦.

2 春 二世東行郡縣 李斯從; 到碣石 並海 南至會稽; 而盡刻始皇所立刻石 旁著大臣從者名 以章先帝成功盛德而還.

夏 四月 二世至咸陽 謂趙高曰: "夫人生居世間也 譬猶騁六驥過決

隙也. 吾旣已臨天下矣 欲悉耳目之所好 窮心志之所樂 以終吾年壽 可乎?"高曰:"此賢主之所能行而昏亂主之所禁也. 雖然 有所未可 臣請言之: 夫沙丘之謀 諸公子及大臣皆疑焉; 而諸公子盡帝兄 大臣又先帝之所置也. 今陛下初立 此其屬意怏怏皆不服 恐爲變; 臣戰戰栗栗 惟恐不終 陛下安得爲此樂乎!"二世曰:"爲之奈何?"趙高曰:"陛下嚴法而刻刑 令有罪者相坐 誅滅大臣及宗室; 然後收擧遺民 貧者富之 賤者貴之. 盡除先帝之故臣 更置陛下之所親信者 此則陰德歸陛下 害除而姦謀塞 羣臣莫不被潤澤 蒙厚德 陛下則高枕肆志寵樂矣. 計莫出於此!"二世然之. 乃更爲法律 務益刻深 大臣·諸公子有罪 輒下高鞫治之. 於是公子十二人僇死咸陽市 十公主矺死於杜 財物入於縣官 相連逮者不可勝數.

公子將閭昆弟三人囚於內宮 議其罪獨後. 二世使使令將閭曰:"公子不臣 罪當死!"吏致法焉. 將閭曰:"闕廷之禮 吾未嘗敢不從賓贊也; 廊廟之位 吾未嘗敢失節也; 受命應對 吾未嘗敢失辭也; 何謂不臣? 願聞罪而死!"使者曰:"臣不得與謀 奉書從事!"將閭乃仰天大呼"天"者三 曰:"吾無罪!"昆弟三人皆流涕 拔劍自殺. 宗室振恐. 公子高欲奔 恐收族 乃上書曰:"先帝無恙時 臣入門賜食 出則乘輿御府之衣 臣得賜之 中廐之寶馬 臣得賜之. 臣當從死而不能 爲人子不孝 爲人臣不忠. 不孝不忠者 無名以立於世 臣請從死 願葬驪山之足. 惟上幸哀憐之!"書上 二世大說 召趙高而示之 曰:"此可謂急乎?"趙高曰:"人臣當憂死不暇 何變之得謀!"二世可其書 賜錢十萬以葬.

復作阿房宮. 盡徵材士五萬人爲屯衛咸陽 令敎射. 狗馬禽獸當食者
多 度不足 下調郡縣 轉輸菽粟·芻稾 皆令自齎糧食; 咸陽三百里內
不得食其穀.

【강목|절요】*

평설

　이 부분에는 어린애 같은 2세 황제 호해(기원전 230년~207년)의 생각과 그를 뒤에서 조종하는 조고의 술책이 그려져 있다. 2세 황제가 사구에서 조고의 사술(詐術)로 진 시황제의 뒤를 잇는 데 성공하였으니, 2세 황제의 입장에서는 조고는 은인이라고 할 수 있다. 호해는 나이도 어렸거니와 자기가 황제가 되는데 결정

---

* 【강목】 (강) 壬辰 二世皇帝元年 (목) 楚隐王陳勝元 趙王武臣元 齊王田儋元 燕王韓廣元 魏王咎元年○是歲建國凡五 (강) 冬十月大赦○春帝東行到碣石 並海南 至會稽而還○夏四月 殺諸公子公主 (목) 二世謂趙高曰 吾已臨天下矣 欲悉耳目之所好 窮心志之所樂 以終吾年壽 可乎 高曰 此賢主之所能行 而昏亂主之所禁也 然沙丘之謀 諸公子及大臣皆疑焉 今陛下初立 此其屬意怏怏皆不服 恐爲變 陛下安得爲此樂乎 二世曰 爲之奈何 高曰 嚴法刻刑誅滅大臣宗室 收舉遺民 貧者富之 賤者貴之 盡除故臣 更置所親信 陛下則高枕肆志寵樂矣 二世乃更爲法律 益務刻深 大臣諸公子有罪輒下高鞫治之 公子十二人僇死 咸陽市十公主 矺死於杜 囚公子將閭於內宮 將殺之 將閭仰而呼天拔劍自殺 宗室震恐 公子高欲犇不敢 乃上書請從死先帝 得葬驪山之足 二世大說 以示趙高 高曰 人臣當憂死而不暇何變之得謀 二世可之 賜錢以葬 (강) 復作阿房宮 (목) 復作阿房宮 徵材士五萬人為衛 狗馬禽獸當食者多 調郡縣轉輸菽粟芻稿 皆令自齎糧食 咸陽三百里內 不得食其穀【절요】壬辰元年, 春, 二世東行郡縣, 夏至咸陽, 謂趙高曰:「人生世間, 譬猶騁六驥過決隙也. 吾欲悉耳目之所好, 窮心志之所樂, 以終吾年壽, 可乎?」高曰:「陛下嚴法而刻刑, 盡除先帝之故臣, 更置陛下之所親信, 則高枕肆志寵樂矣.」二世然之. 乃更爲法律, 務益刻深, 大臣·諸公子有罪, 輒僇死. ○復作阿房宮. 盡徵材士五萬人屯衛咸陽.

적인 역할을 한 조고를 깊이 신뢰할 수밖에 없었다.

 2세 황제가 황제가 되어서 처음 한 정치적인 일은 대사면령을 내리는 일이었다. 물론 제왕이 바뀔 적에는 흔히 대사면령을 내리기도 한다. 새로운 제왕이 백성들의 편의를 봐주는 은덕을 베푸는 것이고, 이는 곧 자기의 정치적 입장을 굳게 하려는 조치라고 할 수 있다.

 그 다음으로 한 일은 아버지를 이어서 천하를 순수하는 것이었다. 그의 아버지가 새로이 진으로 편입된 지역인 동부와 남부를 순수한 것과 마찬가지로 역시 동부와 남부지역을 순수하여 자기의 존재감을 드러냈다. 이제 그의 지위는 확고한 듯 보였다. 그래서 21살짜리 황제 호해는 어린애 같은 생각을 하게 된다. 모든 천하를 다 가졌으니 이제 즐길 일 밖에 없다는 것이다.

 이러한 어린애 같은 호해의 생각을 알게 된 조고는 즉각 천하 통일을 한 진 왕조를 자기가 좌지우지하고 싶은 욕심에 꾀를 냈다. 호해는 오직 실컷 즐기게 만 하고, 자기가 권력을 장악하려는 것이었다.

 그래서 감언이설로 호해를 설득한다. 조고는 황제란 당연히 즐기는 일만 해야 하고 황제가 직접 수고스럽게 일을 하는 것은 못난 짓이라고 말했다. 그런데 황제 계승이 불법적으로 이루어졌으니, 이것을 알거나 이에 불평을 품은 자를 모조리 제거하기만 하면 그 목표를 이룰 수 있다는 것이다.

그에 해당하는 사람은 호해의 형제와 대신들이고, 다음으로 걸리는 사람은 진 시황으로부터 관직을 받은 사람들이라는 말했다. 이들은 진 시황으로부터 관직을 받았으니, 이들이 고마워할 사람은 호해가 아니라 진 시황이기 때문에 이들을 모두 교체하고 새로운 사람에게 관직을 주어 그들이 모두 새 황제 호해에게 고마워하게 해야 한다는 것이다. 이 논리는 일단 정치적으로는 맞는 말일 수 있다. 새 술은 새 부대에 넣는 것이 원칙이고, 권력의 교체되었을 때에는 이러한 정치적 조치가 있기 마련이기 때문이다.

그러나 그러한 교체 작업을 누가 주도하느냐의 문제와 또 구세력이 얼마나 동요하지 않게 기술적으로 순서를 매기느냐가 중요하다. 구세력도 일정한 세력을 가지고 있다고 볼 수 있는데 이들이 자기가 제거될 것이라는 것을 알게 된다면 반발할 수 있기 때문이다. 그러나 그러한 작업을 실제로 잘 하기는 쉽지 않다. 만약에 커다란 반발 없이 세대교체를 이루었다면 그 조치는 성공한 것이라고 할 수 있다.

호해는 자기를 보호할 세력은 단지 조고뿐이라고 생각했다. 그러나 조고가 모든 권한을 갖게 된다면 조고는 호해의 손을 빌어 자기의 세력을 만드는 것이며, 그렇게 된 다음에는 호해도 결국 조고의 손아귀에 놓이게 되는 것이다. 이것을 알 리 없었던 호해는 조고의 뜻에 따라서 눈앞에 자기의 적이 될 수 있다고 생각되는 사람들을 제거한다.

우선 진 시황제의 아들 20여 명과 그 딸들을 죽였다. 이때 영장려는 자신은 아무런 잘못이 없다고 항변하였지만 조건 없이 죽이는 것이라는 대답을 듣고 '나는 죄가 없다.'고 소리치고 죽는다. 정치적 변혁기에 죄가 있고 없고는 문제가 되지 않는다는 것을 몰랐던 셈이다. 그 다음으로 영고는 이유 없이 죽어야 한다는 사실을 깨닫고는 스스로 진 시황에게 불효한 아들이라고 하면서 죽는 것이 마땅하다고 한다. 그 결과 그의 가족은 살아남고, 그도 아버지 옆에 묻히는 은전을 받았다.

이렇게 호해는 적이 될지 모르는 사람들을 다 제거한 다음에 자신이 즐기기 위한 아방궁을 계속 짓기로 한다. 그러나 이러한 결정은 정치가 고도의 유기체를 움직이는 기술이 필요한 것임을 모르는 행위였고, 결과적으로 엄청난 부작용을 가져 왔다. 조고가 이를 몰랐을까? 아마도 알았다고 하여도 멍청이 같은 호해를 만족시키기 위한 고육지책이었을 수도 있다. 이 부작용을 기록한 역사는 장차 호해의 운명을 독자에게 암시해 주고 있다고 할 수 있다.

이렇게 고도의 평가가 필요한 기록인데, 《절요》에서는 엄형주의만을 기록하여 역사가 바꾸게 되는 부분을 독자가 파악하기 쉽지 않게 하였으며, 《강목》에서는 공자, 공주를 죽인 것과 아방궁 사건과 그 부작용을 기록하였을 뿐이다. 그리고 이해에 다섯 나라가 등장한 것을 〔목〕에 기록하여 진이 분열하게 되는 것을 적고 있다.

진승·오광의 기병

원문번역

3 가을, 7월에 양성(陽城, 하남성 登封縣 동남) 사람 진승(陳勝)과 양하(陽夏, 하남성 太康縣) 사람 오광(吳廣)이 기(蘄, 안휘성 宿縣)에서 군사를 일으켰다.

이때 여좌(閭左)의 사람들을 징발하여 어양(漁陽, 북경시 密雲縣)을 수수(戍守)하게 하니, 900인이 대택향(大澤鄕, 안휘성 宿縣 남쪽)에 주둔하였는데, 진승과 오광은 모두 둔장(屯長)이 되었다. 마침 하늘에서 큰비가 내려 길이 불통되자, 헤아려 보니 이미 기한을 놓치게 되었는데, 기한을 놓치면 법으로는 모두 참수하게 되어 있었다.

진승과 오광은 천하의 사람들이 늦을 것을 근심하고 원망하는 것을 이용하여 장위(將尉, 지휘관)를 죽이고, 무리들을 소집하여 명령하였다.

"공(公) 등은 모두 기한을 넘겼으니 참수를 당할 것이고, 가령 참수가 되지 않는다고 하더라도 수(戍)자리 서면서 죽는 자가 열 명 가운데 진실로 6~7명일 것이다. 또 장사(壯士)란 죽지 않는다면 그만이지만, 죽는다면 큰 이름을 들어내야 할 뿐이다. 왕(王)·후(侯)·장(將)·상(相)이 어찌 씨가 있단 말이냐!"
무리들이 모두 그를 좇았다.

마침내 공자 영부소와 항연(項燕, 진에게 죽은 초의 장수)을 사칭하여 단을 만들고 맹약한 후에 대초(大楚)라고 부르며, 진승은 자립하여 장군이 되고, 오광은 도위(都尉)가 되었다. 대택향을 공격하여 이를 뽑고 군사를 거두어 기(蘄, 안휘성 宿縣)를 공격하니 기가 떨어졌다.

마침내 부리(符離, 안휘성 宿縣, 蘄郡 도읍지) 사람 갈영(葛嬰)으로 하여금 병사를 이끌고 기의 동쪽을 순행하게 하고, 질(銍, 안휘성 숙현에 있는 城)·찬(酇, 하남성 永城縣에 있는 城)·고(苦, 하남성 鹿邑縣)·자(柘, 하남성 柘城縣)·초(譙, 안휘성 亳縣)를 공격하여 모두 떨어뜨렸다. 가면서 군사 모았는데, 진(陳, 하남성 淮陽縣, 옛 陳 지역)에 이르렀을 즈음에는 전차가 600~700승(乘)이고 기마가 1천여 필이었으며, 군졸이 수만 명이었다. 진(陳)을 공격하니 진수(陳守)와 진위(陳尉)가 모두 없고, 다만 수승(守丞, 군승)만이 초문(譙門, 성문)에서 싸우다 이기지 못하고, 수승이 죽으니 진승이 마침내 들어가서 진을 점거하였다.

원문

3 秋七月 陽城人陳勝·陽夏人吳廣起兵於蘄. 是時 發閭左戍漁陽

九百人屯大澤鄕 陳勝·吳廣皆爲屯長. 會天大雨 道不通 度已失期; 失期 法皆斬. 陳勝·吳廣因天下之愁怨 乃殺將尉 召令徒屬曰: "公等皆失期當斬; 假令毋斬 而戍死者固什六七. 且壯士不死則已 死則擧大名耳! 王·侯·將·相寧有種乎!" 衆皆從之. 乃詐稱公子扶蘇·項燕 爲壇而盟 稱大楚; 陳勝自立爲將軍 吳廣爲都尉. 攻大澤鄕 拔之; 收而攻蘄 蘄下. 乃令符離人葛嬰將兵徇蘄以東; 攻銍·酇·苦·柘·譙皆下之. 行收兵; 比至陳 車六七百乘 騎千餘 卒數萬人. 攻陳 陳守·尉皆不在 獨守丞與戰譙門中 不勝; 守丞死 陳勝乃入據陳.

【강목|절요】*

평설

이 사건은 조고의 사주로 추진한 엄형주의 정책에 대한 반발로 나타난 첫 번째의 부작용이었다. 수졸들을 인솔하던 진승과 오광은 자신들의 임무를 법적 기한 내에 완수할 수 없게 되자 진의 엄형주의 때문에 죽을 수밖에 없는 처지가 되었다. 그래서

---

*【강목】(강) 秋七月 楚人陳勝吳廣起兵於蘄 勝自立爲楚王 以廣爲假王 擊滎陽 (목) 是時 發閭左戍漁陽者 九百人屯大澤鄕 陽城人陳勝陽夏人吳廣爲屯長 會天大雨 道不通 度已失期 法皆斬 勝廣因天下之愁怨 乃殺將尉 令徒屬曰 公等皆失期當斬 假令毋斬而戍死者固什六七 且壯士不死則已 死則擧大名耳 王侯將相寧有種乎 衆皆從之 乃詐稱公子扶蘇項燕爲壇 而盟稱大楚 攻大澤鄕拔之 攻蘄蘄下 徇蘄以東 行 收兵比至陳 卒數萬人 入據之【절요】秋, 陽城人陳勝·陽夏人吳廣起兵於蘄. 是時, 發閭左戍漁陽, 九百人屯大澤鄕, 勝·廣皆爲屯長. 會天大雨, 道不通, 度已失期. 乃召令徒屬曰:「公等皆失期當斬; 且壯士不死則已, 死則擧大名耳! 王·侯·將·相寧有種乎!」衆皆從之. 乃詐稱公子扶蘇·項燕, 爲壇而盟, 稱大楚; 勝自立爲將軍, 廣爲都尉, 入據陳.

이렇게 죽을 바에야 차라리 반기를 들자는 데에 생각이 미쳤고, 남부지역인 대택현에서 기병을 하였다.

여기에서 바로 '왕·후·장·상의 씨가 없다.'라는 말이 등장한다. 계급사회에서는 가히 혁명적인 선언이었다. 이러한 생각은 당시에 어느 정도 팽배해 있었다. 이러한 분위기가 있었다는 전제 아래에서 후에 평민인 유방이 제왕이 될 수 있었다고 보아야 한다.

따라서 이 시기쯤 되면 주(周) 이래로 사회를 지탱해 온 봉건적 계급의식이 무너져 가고 있음을 발견할 수 있다. 그것은 이미 주 왕조가 진에 의하여 무너진 것에서 그 단초를 찾을 수 있다. 기존질서를 무너트린 것이기 때문이다. 기존 질서가 무너져 간다는 것은 새로운 질서가 도래할 것을 암시하는 것이기도 하다.

그러나 진승은 철저한 혁명가는 아니었고, 이러한 말은 우연하게 흘러 나왔을 것이다. 왜냐하면 그가 새로운 왕을 자칭하기 위하여 무엇이든 기댈 곳을 찾았기 때문이다. 그래서 호해에게 죽은 부소와 그 지역이 초(楚)지역이었던 점을 고려하여 끝까지 진과 대항하다 죽은 항연을 내세운 것이다.

결과적으로 일단 진승의 기병은 성공하였고, 그의 세력은 요원의 불길처럼 타 올라서 대단한 성공을 거둔다. 그리하여 그는 후에 그의 근거가 되는 현재의 하남성에 있는 진(陳)을 함락시키고 여기를 기준으로 사방으로 그의 세력을 펼쳐 나간다.

이러한 내용은 대단히 중요한 것이기 때문에 《절요》와 《강목》에서는 거의 모든 내용을 싣고 있다. 이제 새로운 열국시대로 접어들었다. 기원전 221년에 제를 멸망시키고 천하 통일을 한 진(秦)이 12년이 지나고 나서, 진 시황제가 죽고 나자마자 분열의 싹이 튼 것이다.

  다시 유방이 항우를 무찌르고, 다시 나머지 군사세력을 구축하고 자기의 친척들을 제후로 임명하는 시기까지 7~8년간 중원은 잠정적인 전쟁이 계속된다고 보아야 한다.

장이와 진여의 등장

원문번역

처음에, 대량(大梁, 하남성 開封縣) 사람인 장이(張耳)와 진여(陳餘)가 서로 목숨을 건 사귐을 하였다. 진이 위를 멸망시켰는데 두 사람이 위의 명사라는 소문이 퍼지니 많은 상을 걸고 그들을 찾고자 하였다. 장이와 진여는 마침내 이름과 성을 바꾸어 가지고 함께 진(陳)에 가서 이감문(里監門, 문지기)이 되어 스스로 밥을 벌어먹었다. 이리(里吏)가 일찍이 이들에게 허물을 가지고 진여에게 매질을 하자 진여가 일어나고자 하였으나 장이가 그를 밟고서 태장을 맞게 하였다.

이리가 돌아가자 장이는 마침내 진여를 이끌고 뽕나무 아래로 가서 그를 헤아리면서 말하였다.

"시작하면서 나와 그대는 무엇을 말하였는가? 이제 조그만 모욕을 당하자 한 명의 이리를 죽이려 한단 말이오!"

진여가 그에게 사과하였다.

진섭(陳涉, 진승의 자)이 진에 들어갔는데 장이와 진여가 문에 가서 찾아 명함을 올렸다. 진섭은 평소에 그들이 현명하다는 말을 듣고 크게 기뻐하였다. 진에 사는 호걸들과 부로들이 진섭에게 초왕(楚王)이 되라고 청하자, 진섭이 장이와 진여에게 물었다.

장이와 진여가 대답하였다.

"진이 무도(無道)하여 다른 사람의 사직을 없애고 백성들에게 포학했으며 장군께서는 만 번이나 죽을 계책을 내어 천하를 위하여 잔포한 것을 없애려 하였습니다. 이제 처음으로 진(陳)에 이르러서 여기에서 왕이 되면 천하에 사사로움을 드러내는 것입니다.

바라건대 장군께서 왕이 되지 마시고 급히 군사를 이끌고 서쪽으로 가고, 또 사람을 파견하여 6국(전국시대에 진에 대항하던 나라들)을 세운 후에 스스로 친한 무리를 만들면, 진에게는 더욱 적이 많아질 것이니, 적이 많으면 힘이 분산되고 무리와 더불어 하면 군사가 강해집니다.

이와 같이 한다면 들에서는 전투를 하지 않고, 현에서도 성을 지킬 것이 없을 것이며, 포학한 진을 주멸하고 함양에 점거하여 제후들을 호령하는데, 제후들이 망하였으나 다시 세울 수 있어서 덕으로 이를 복종시키시면 황제의 대업은 이루어집니다. 이제 홀로 진에서 왕이 되면 천하 사람들이 느슨해질까 두렵습니다."

진섭은 듣지 않고 드디어 스스로 왕이 되었는데 '장초(張楚)'라고 호칭하였다.

원문

初 大梁人張耳·陳餘相與爲刎頸交. 秦滅魏 聞二人魏之名士 重賞購求之. 張耳·陳餘乃變名姓 俱之陳 爲里監門以自食. 里吏嘗以過笞陳餘 陳餘欲起 張耳躡之 使受笞. 吏去 張耳乃引陳餘之桑下 數之曰: "始吾與公言何如? 今見小辱而欲死一吏乎!" 陳餘謝之. 陳涉旣入陳 張耳·陳餘詣門上謁. 陳涉素聞其賢 大喜. 陳中豪桀父老請立涉爲楚王 涉以問張耳·陳餘. 耳·餘對曰: "秦爲無道 滅人社稷 暴虐百姓; 將軍出萬死之計 爲天下除殘也. 今始至陳而王之 示天下私. 願將軍毋王 急引兵而西; 遣人立六國後 自爲樹黨 爲秦益敵; 敵多則力分 與衆則兵强. 如此 則野無交兵 縣無守城 誅暴秦 據咸陽 以令諸侯; 諸侯亡而得立 以德服之 則帝業成矣! 今獨王陳 恐天下懈也." 陳涉不聽 遂自立爲王 號 '張楚'

【강목|절요】*

---

* 【강목】(목) 大梁張耳陳餘詣門上謁勝 素聞其賢 大喜 豪傑父老請立勝爲楚王 勝以問耳餘 耳餘對曰 秦爲無道 滅人社稷 暴虐百姓 將軍出萬死之計 爲天下除殘也 今始至陳而王之 示天下私 願將軍毋王 急引兵而西 遣人立六國後 自爲樹黨 爲秦益敵 敵多則力分 與衆則兵强 如此 野無交兵 縣無守城 誅暴秦 據咸陽 以令諸侯 則帝業成矣 不聽 遂自立爲王 號張楚. 【절요】陳中父老請立涉爲楚王, 張耳·陳餘曰:「秦爲無道, 暴虐百姓; 將軍出萬死之計, 爲天下除殘. 今始至陳而王之, 示天下私. 願將軍毋王, 急引兵而西;遣人立六國後, 自爲樹黨, 爲秦益敵;敵多則力分, 與衆則兵强. 誅暴秦, 據咸陽, 以令諸侯;則帝業成矣!」涉不聽, 自立爲王.

평설

군사를 일으킨 진승이 후에도 그의 본거지가 되는 진(陳) 지역에 들어 갔을 때의 이야기이다. 위(魏)의 인물로 알려진 진여와 장이가 그곳에서 은인자중하고 있었고, 자연스럽게 진승과 이 두 사람이 만났다.

장이와 진여의 명성을 알고 있었던 진승은 이들에게 앞으로의 길을 묻는다. 이때 두 사람은 진승에게 보수적인 계책을 내놓는다. 전국시대로 회귀하도록 하라는 것이다. 전국시대 진을 제외한 여섯 나라의 후예를 제후왕으로 세우면서 6국이 단합하여 진을 없애는 것이 가장 좋다고 충고했다.

따지고 보면 이들의 대책은 과거 질서로의 회귀였다. 과연 역사가 과거로 회귀할 수 있을까? 물론 많은 사람들이 과거를 회상하고 돌아가려는 마음이 있을 것이다. 그들에게는 익히 아는 제도이기 때문일 것이다. 그러나 역사는 진전하는 것이니, 잠시 아둔한 대중을 속이려고 과거로 회귀한다는 말을 하여 이용할 수는 있어도 과거로 완전히 회귀할 수는 없는 것이다.

이러한 역사적 사실을 알았는지 몰랐는지는 알 수 없으나, 진승은 이들의 요구를 받아들이지 않고, 스스로 칭왕하여 새로운 질서를 추구해 나갔다. 진승은 전국시대 제후의 후예가 아니기 때문에 진여나 장이의 요구를 받아들이기 어려웠을 것이다. 이러한 진승의 태도를 욕심이라든가 공적(公的)이지 못한 행동이라고 볼 수도 있으나, 진승에게 있어 과거로의 회귀는 죽쒀서

개주는 꼴이 되는 것이기 때문에 받아들이기 어려웠을 것이다.

만약에 진승이 더 교활했다면 진여와 장이의 요구를 들어주는 척 하면서 자기의 목표를 달성하는 정치력을 발휘할 수도 있었겠지만, 진승의 위치에서 이러한 고도의 정치력을 기대하기는 어려운 형편이었다.

《절요》와 《강목》에서도 이 사건을 중요하다고 보았으므로 거의 대부분을 싣고 있다.

허위보고를 유도한 호해

원문번역

당시 여러 군현들은 진의 법이 고생스럽다 하여 다투어 장리(長吏, 수장)들을 죽이고 진섭에게 호응하였다.

알자(謁者)가 동쪽에서 와서 반란한 사람을 보고하였다. 2세 황제가 노하여 그를 관리(官吏, 형리)들에게 내려 보냈다. 뒤에 갔었던 사자가 돌아오니 황상이 이를 묻자 대답하였다.

"여러 도적들이 쥐나 개처럼 도적질만을 하는데, 군수·군위가 바야흐로 쫓아가서 체포하여 지금 거의 다 잡았으니, 근심할 거리가 안 됩니다."

황상이 크게 기뻐하였다.

진왕(陳王)은 오숙(吳叔, 오광)을 가왕(假王, 임시왕)으로 삼아놓고 여러 장수들을 감독하여 서쪽으로 가서 형양(滎陽, 하남성 滎陽縣)을 쳤다.

원문

當是時 諸郡縣苦秦法 爭殺長吏以應涉. 謁者從東方來 以反者聞. 二世怒 下之吏. 後使者至 上問之 對曰: "羣盜鼠竊狗偸 郡守·尉方逐捕 今盡得不足憂也." 上悅.

陳王以吳叔爲假王 監諸將以西擊滎陽.

【강목|절요】*

평설

　진승과 오광이 군사를 일으키자 진나라의 지나치게 엄격한 법치에 불만을 가지고 있던 군과 현에서 진승 등의 기병에 호응하기 시작하였다. 반란은 주로 함양의 동부지역에서 일어났는데, 이 지역에서 사자를 보내 이를 보고하자 2세 황제 호해는 화를 내면서 사자를 법을 다루는 형리에게 내려 보내어 벌을 받게 하였다.

　제대로 보고하는 사람에게 벌을 준다는 것은 바로 사실대로 보고하지 말고 아첨하여 황제가 좋아할 만큼 거짓 보고하라는 말과 같은 것이었다. 그래서 거짓으로 걱정할 것이 없다고 하자 2세 황제 호해는 즐거워했다. 이것으로 호해가 자신의 바보스

---

*【강목】(목) 郡縣苦秦法 爭殺長吏以應 使從東方來 以反者聞 二世怒 下之吏 後至者曰 羣盜鼠竊狗偸 郡守尉方捕逐 今盡得不足憂也 乃悅 勝以廣爲假王 監諸將擊滎陽.【절요】諸郡縣苦秦法, 爭殺長吏以應涉. ○謁者使從東方來, 以反者聞. 二世怒, 下之吏. 後使者至, 上問之, 對曰:「羣盜鼠竊狗偸, 不足憂也.」上悅.

러움을 드러낸 것이다.

  2세 황제 호해는 거짓 보고를 사실로 믿었지만 그것과는 달리 진승은 자기와 함께 기병한 오광을 가왕, 즉 임시왕으로 삼아서 서쪽에 있는 진의 도읍인 함양을 향하여 진격하게 한다. 자기는 왕이 되었으면서 함께 기병한 오광에게는 겨우 가왕을 주고 진을 공격하게 한 것이다.

  이 사건은 군현에서 진의 통치방법에 대하여 이미 반발하고 있었음을 암시하기도 한다. 진의 통치방법에 불만이 있지만 행동으로 옮기지 못하던 군현에서 진승과 오광의 기병에 호응한 것이다. 이는 700년 내려오는 지방적 특색을 유지할 수 있었던 봉건제를 버리고 군현제를 창안한 진에 대한 반발이기도 하다. 전통을 하루아침에 무시하였던 갑작스러운 정체(政體)의 변화는 반발이 있을 수밖에 없는 것이었다고도 할 것이다.

  이 부분에서 《절요》와 《강목》은 《자치통감》의 문구를 거의 그대로 옮겨 놓고 있으며 많이 줄이지 않았다. 그만큼 이 부분은 역사를 읽는 사람에게 중요하다고 본 것이다.

사방으로 경략하게 하는 진승

원문번역

장이와 진여가 다시 진왕에게 유세하여 기습적인 군사를 북쪽으로 보내서 조(趙) 지역을 경략하게 해달라고 청하였다. 이에 진왕은 옛날에 잘 지내던 진인(陳人) 무신(武臣)을 장군으로 삼고, 소소(邵騷)를 호군으로 삼고, 장이와 진여를 좌·우교위(左右校尉)로 삼고, 군졸 3천 명을 주어 조 지역을 경략하게 하였다.

진왕은 또 여음(汝陰, 안휘성 阜陽縣) 사람 등종(鄧宗)에게 명령을 내려 구강군(九江郡, 안휘성 壽縣)을 경략하게 하였다. 이때를 맞이하여 초(楚)의 병사 수천 명이 모였던 것이니, 다 헤아릴 수가 없었다.

갈영(葛嬰)이 동성(東城, 안휘성 定遠縣)에 이르러 양강(襄彊)을 세워서 초왕(楚王)으로 삼았다. 진왕이 이미 자립하였다는 말을 듣고, 이 때문에 양강을 죽이고 돌아와서 보고하였다. 진왕은 갈영을 주살하였다.

진승칭왕과 사방경략(기원전 209년)

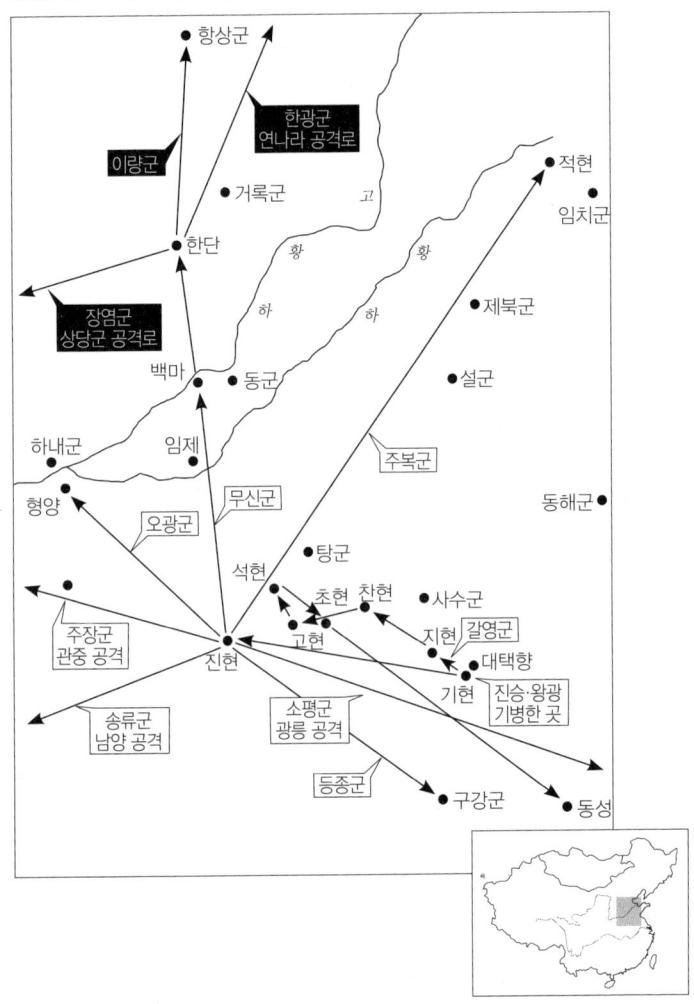

진왕이 주시(周市)에게 명하여 북쪽으로 가서 위 지역을 경략하게 하였다. 상채(上蔡, 하남성 上蔡縣) 사람 방군(房君, 작위)인 채사(蔡賜)를 상주국(上柱國, 상장급 장군)으로 삼았다.

진왕은 주문(周文)이 진의 똑똑한 사람인데 군사를 익혔다는 말을 듣고 마침내 그에게 장군인(將軍印)을 주고, 서쪽으로 가서 진을 공격하게 하였다.

원문

張耳·陳餘復說陳王 請奇兵北畧趙地. 於是陳王以故所善陳人武臣爲將軍 邵騷爲護軍 以張耳·陳餘爲左·右校尉 予卒三千人 徇趙.

陳王又令汝陰人鄧宗徇九江郡. 當此時 楚兵數千人爲聚者不可勝數. 葛嬰至東城 立襄彊爲楚王 聞陳王已立 因殺襄彊還報. 陳王誅殺葛嬰. 陳王令周市北徇魏地. 以上蔡人房君蔡賜爲上柱國. 陳王聞周文 陳之賢人也 習兵 乃與之將軍印 使西擊秦.

【강목|절요】*

평설

진승이 일단 성공하자 이제 사방으로 그 세력을 넓히려는 작

---

* 【강목】(강) 楚遣諸將徇趙 魏以周文爲將軍 將兵伐秦至戲 秦遣少府章邯拒之 楚軍敗走 (목) 張耳陳餘復請奇兵畧趙地 勝以所善陳人武臣爲將軍 耳餘爲校尉 予卒三千人徇趙 又令魏人周市徇魏 聞周文陳之賢人 習兵 使西擊秦【절요】○陳王以陳人武臣爲將軍, 以張耳·陳餘爲左·右校尉, 予卒二千人, 徇趙, 使周文西擊秦.

업을 단행한다. 여기에는 장이와 진여의 건의가 원인이 되었다. 이때에 진승은 무신에게 북쪽으로 조 지역을 공략하기 위한 책임을 맡기고 정작 이 정책을 건의한 장이와 진여는 교위로 따라가게 하였다. 능력을 본 것이 아니라 친소관계를 따진 진승의 용인이 드러난 사건이다. 그리고 남쪽은 등종에게 맡겼다.

또한 갈영은 남쪽에 양강을 초왕으로 세웠다가 진승이 이미 스스로 왕이 되었다는 말을 듣고, 자기가 세웠던 왕인 양강을 죽였는데, 진승은 이렇게 한 갈영을 죽인다. 기병했던 초창기의 무계획한 일면이 드러난 것이다.

진승은 남쪽과 북쪽으로 공격하게 하면서 서쪽에 있는 진을 공격하기 위해서 오광을 보내고 이어서 주문도 보낸다. 진승은 기병하고 나서 어느 정도 성공하자 남부와 북부 그리고 서부로 군사를 진격시켜 그 세력을 넓히려고 하였다.

《절요》와 《강목》에서는 북쪽 조 지역으로 군사를 보내고, 서쪽 진을 향하여 군사를 보낸 사건은 기록하고 있지만 남쪽에서 벌어진 일은 생략하고 있다.

무신에게 유세하는 괴철

원문번역

무신(武臣) 등이 백마(白馬, 하남성 滑縣 경계 지역)에서 황하를 건너 여러 현에 이르러서 그곳의 호걸들에게 유세하자 호걸들이 모두 그에게 호응하였고 마침내 가면서 군사를 모아 수만 명을 얻게 되니, 무신에게 호칭을 주어 무신군(武信君)이라고 하였다. 조 지역에 있는 10여 개의 성을 떨어뜨렸는데 나머지는 모두 성을 지키고 있자, 마침내 군사를 이끌고 동북쪽으로 가서 범양을 공격하였다.

범양의 괴철(蒯徹)이 무신군에게 유세하였다.

"족하(足下)는 반드시 장차 싸워서 승리한 다음에 땅을 경략하고, 공격하여 얻은 다음에 성을 떨어뜨리려 하는 것 같은데, 신이 가만히 생각해 보건대 그것은 잘못입니다. 진실로 신의 계책을 들으신다면 공격하지 않고도 성을 항복시킬 수 있고, 싸우지 않고도 땅을 경략할 수 있고, 격문(檄文)을 전달하여서 천리를 평정시킬 것이니, 좋겠습니까?"

무신군이 말하였다.

"무슨 말씀이오?"

괴철이 말하였다.

"범양 현령 서공(徐公)이 죽는 것을 두려워하고 탐욕스러운데, 천하 사람들보다 먼저 항복하려고 합니다. 그대가 만약에 진이 임명하였던 관리처럼 되어 앞의 열 개 성처럼 주살한다면 변방에 있는 성들은 모두 금성(金城)·탕지(湯池)가 될 것이니 공격할 수 없습니다. 그대가 만약에 신에게 후인(侯印)을 싸가지고 가게 하여서 범양 현령에게 주어 붉은 바퀴를 단 화려한 차량을 타게 하고 연·조의 교외로 달리게 하면 바로 연·조에 있는 성들은 싸우지 않고도 항복합니다."

무신군이 말하였다.

"훌륭하오."

그리고 수레 100대, 말 200필과 후인을 가지고 서공을 영접하였다. 연·조에서 이 소식을 들으니, 싸우지 않고도 성이 떨어진 것이 30여 성이었다.

원문

武臣等從白馬渡河 至諸縣 說其豪桀 豪桀皆應之; 乃行收兵 得數萬人; 號武臣爲武信君. 下趙十餘城 餘皆城守; 乃引兵東北擊范陽. 范陽蒯徹說武信君曰: "足下必將戰勝而後略地 攻得然後下城 臣竊以爲過矣. 誠聽臣之計 可不攻而降城 不戰而略地 傳檄而千里定;

可乎?" 武信君曰: "何謂也?" 徹曰: "范陽令徐公 畏死而貪 欲先天下降. 君若以爲秦所置吏 誅殺如前十城 則邊地之城皆爲金城·湯池 不可攻也. 君若齎臣侯印以授范陽令 使乘朱輪華轂 驅馳燕·趙之郊 卽燕·趙城可無戰而降矣." 武信君曰: "善!" 以車百乘·騎二百侯印迎徐公. 燕·趙聞之 不戰以城下者三十餘城.

【강목|절요】*

평설

전쟁이란 무력만으로 수행하는 것이라고 생각한 무신에게 괴철이라는 책사가 나타나서 싸우지 않고도 평정하는 방법을 제시한다. 보통 싸움에서는 적을 공격하여 죽이는 것이 일반적이지만 오히려 진(秦)에서 임명한 관리를 죽이지 말고, 관직을 주어 내편을 만들라는 주장이었다.

무력이 정치력을 발휘하는 도구가 될 수 있음을 말한 것이다. 이렇게 정치력을 발휘할 수 있다면 힘들게 무력을 사용하지도 않아도 된다. 괴철의 의견대로 한 결과 싸우지 않고도 30여 개의 성을 거두어들이는 효과를 나타냈다.

여기서 중요한 것은 괴철이라는 책사의 등장인데, 《절요》에

---

*【강목】(목) 武臣等從白馬渡河 收兵 得數萬人 號武信君 下趙十餘城 餘皆城守 乃引兵擊范陽范陽 蒯徹說曰 范陽令徐公 畏死欲降 君毋以爲秦所置吏誅殺 而以侯印授之 則燕趙諸城可毋戰而降矣 從之 不戰而下者三十餘城 【절요】武臣等行收兵, 得數萬人; 號武臣爲武信君, 下趙三十餘城.

서는 괴철의 이름이 빠졌다. 따라서 조 지역에서 30여 개 성을 떨어 뜨린 것이 무신의 무력(武力)으로 한 것처럼 이해할 수가 있다.

물론 무력이 없었다면 불가능했겠지만 독자는 무력이 정치적으로 이용 된다는 사실을 알기가 어려울 것이다. 그러한 점에서 《절요》는 중요한 대목을 놓친 셈이다.

진나라 장한에게 패배한 주장

원문번역

진왕이 이미 주장(周章)을 파견하였는데, 진의 정치가 혼란스럽다는 것 때문에 진을 가벼이 보는 뜻이 있어서 다시는 방비를 하지 않았다. 박사(博士) 공부(孔鮒)가 간하였다.

"신이 병법(兵法)을 들었습니다. '적이 나를 공격하지 않는 것을 믿지 말고, 내가 공격할 수 없는 것을 믿으라.' 이제 왕께서는 적을 믿고 스스로를 믿지 않으니, 만약에 넘어져서 떨치지 못하면 이를 후회하여도 따라잡을 수 없습니다."

진왕이 말하였다.

"과인의 군대는 선생이 염려할 것 없소."

주문이 가면서 모병하고 함곡관(函谷關, 하남성 靈寶縣)에 이르렀는데, 전차는 천 대였고, 병졸은 수십만 명이었으며, 희(戱)에 이르러서 진을 쳤다.

2세 황제가 마침내 크게 놀라서 여러 신하들과 모의해서 말하였다.

"어쩌할까?"

소부(少府)의 장한(章邯)이 말하였다.

"도적은 이미 이르렀고 많고 강하니, 이제 근처의 현에서 징발하여도 미치지 아니합니다. 여산(驪山)에 있는 형도(刑徒)가 많으니 청컨대, 이들을 사면하여 무기를 주어 그들을 치게 하십시오."

2세 황제는 마침내 천하에 대사면령을 내리고 장한으로 하여금 여산의 형도와 가노(家奴)들이 낳은 아이들을 사면하여 모두 징발하여 초군(楚軍)을 치게 하여 그들을 크게 패퇴시켰다. 주문이 도망쳤다.

원문

陳王旣遣周章 以秦政之亂 有輕秦之意 不復設備. 博士孔鮒諫曰: "臣聞兵法: '不恃敵之不我攻 恃吾不可攻.' 今王恃敵而不自恃 若跌而不振 悔之無及也." 陳王曰: "寡人之軍 先生無累焉." 周文行收兵至關 車千乘 卒數十萬 至戱 軍焉. 二世乃大驚 與羣臣謀曰: "奈何?" 少府章邯曰: "盜已至 衆强 今發近縣 不及矣. 驪山徒多 請赦之 授兵以擊之." 二世乃大赦天下 使章邯免驪山徒·人奴産子 悉發以擊楚軍 大敗之. 周文走.

【강목|절요】*

---

* 【강목】 (목) 涉旣遣周文 有輕秦之意 不復設備 博士孔鮒曰 臣聞兵法 不恃敵之不

평설

 이 내용은 진승에게 함양으로 진격하라는 명령을 받은 주장이 실패하게 되는 이야기이다. 여기서 주장이라는 사람은 앞에서 나왔던 주문이다. 그의 이름을 문(文)이라고도 하고, 장(章)이라고도 하는 것은 문과 장이 같은 뜻이기 때문에 이러한 현상이 나타난 것으로 보인다.

 하여간 진승에 의하여 일어난 군사들은 속속 승리를 거두었고, 진(秦)이 이를 제대로 대응하지 못하자 수레 1천 승과 수십만의 군대를 가지고 있는 주장은 진을 가볍게 보았다. 이것을 경계한 사람이 공자의 8세손인 공부였다. 그는 진승에게 적보다 내가 어떠한지를 잘 살펴보라고 간언했지만 진승은 이 말을 귀담아 듣지 않는다.

 한편 진승군의 진격에 놀란 진의 호해는 특단의 조치를 취한다. 형도들에게 무기를 주어 이를 막자는 장한의 건의를 받아들여서, 대대적으로 사면하고 이들을 군사로 만들어서 장한에게 그 지휘를 맡긴 것이다.

 두려움을 가진 군대와 자만에 빠진 군대와의 싸움은 그 무기와 군사력이 어떠하든지 자만한 군대가 지게 되어 있다. 결국 주문은 패배하여 함곡관까지 갔다가 달아나게 되었다. 주문과

我攻 恃吾之不可攻 今王恃敵而不自恃 若跌而不振 悔無及也 不聽 文行收兵車千乘 卒數十萬至戱軍焉 二世乃大驚 少府章邯請赦驪山徒 悉發以擊楚軍大敗之 文走 鮒子順之子也【절요】 내용없음

주장의 서진 실패로(기원전 209년~기원전 208년)

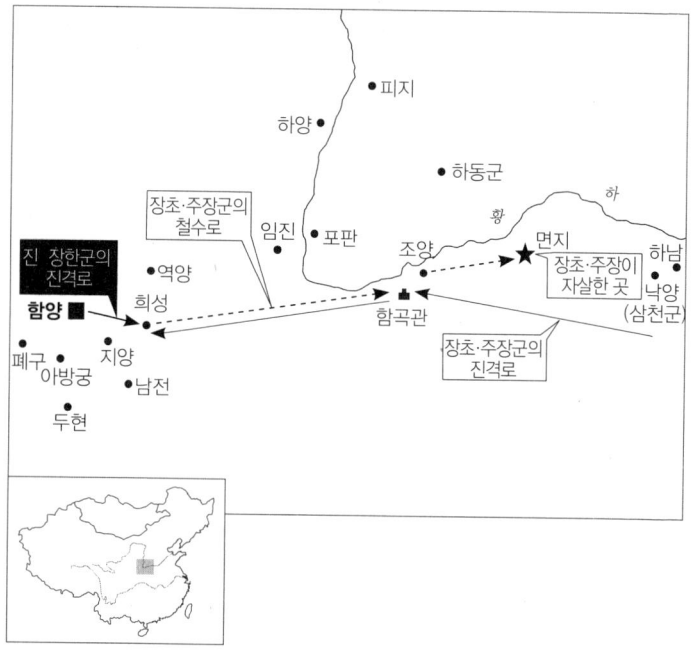

진승의 자만심은 그들의 한계를 나타내는 것이었다.

　이 내용은 대단히 중요하다고 할 수 있지만 《절요》에서는 모두 생략해 버렸고, 《강목》에서는 마치 진섭만이 자만한 것처럼 쓰고 있다. 지나치게 생략하려다가 주장과 진승 두 사람이 다 자만하였는데, 마치 진승만이 자만한 것으로 이해할 수 있게 한 셈이다. 글의 내용을 줄이고 싶더라도 세심한 주의를 거쳐서 문장의 길이는 줄이면서 내용을 다 담아내는 것이 필요한데, 세심한 배려가 없었던 셈이다.

조왕이 되는 무신군

원문번역

장이·진여가 한단(邯鄲, 하북성 邯鄲市)에 이르러 주장(周章)이 퇴각하였다는 소식을 들었고, 또 여러 장수들이 진왕을 위하여 각지를 경략하고 돌아온 자들은 대부분 참소하는 비난을 받아서 죄를 얻고 주살되었다는 말도 듣고서, 마침내 무신군에게 유세하여 스스로 왕이 되게 하였다.

8월에 무신군이 스스로 조왕(趙王)이 되어서 진여를 대장군으로 하고 장이를 우승상으로 삼고 소소(邵騷)를 좌승상으로 하고, 사람을 시켜서 진왕에게 통보하였다. 진왕이 크게 노하여 무신군 등의 집안을 멸족시키려고 군사를 내어 조를 공격하고자 하였다.

주국(柱國) 방군(房君)이 간하였다.

"진(秦)이 아직 망하지 않았는데, 무신군 등의 집안을 주살하려 하니 이는 또 하나의 진을 낳는 것이므로 이를 이용하여 그에게 축하함만 못하며, 급하게 군사를 끌어서 서쪽으로 가서 진을 치십시오."

진왕도 그렇다고 생각하여 그 계책을 좇아서 무신군 등의 집안사람들을 잡아서 궁중으로 이사시키고, 장이의 아들인 장오(張敖)를 성도군(成都君)에 책봉하고, 사자(使者)로 하여금 조를 축하하게 하고 재촉하여 군사를 내어 서쪽으로 가서 함곡관으로 들어가게 하였다.

장이·진여가 조왕에게 유세하였다.

"왕께서 조에서 왕 노릇 하는 것이 초(楚)의 뜻이 아닌데, 특히 계책을 가지고 왕에게 축하한 것입니다. 초가 이미 진을 멸망시키고 나서 반드시 조에 군사력을 덧붙일 것입니다. 바라건대 왕께서 서쪽으로 군사를 보내지 마시고, 북쪽으로 가서 연·대 지역을 경략하시고, 남쪽으로 가서 하내(河內)를 거두어서 스스로를 넓히십시오.

우리 조가 남쪽으로 대하(大河)를 점거하고 북으로 연·대를 소유하면 초가 비록 진을 이긴다고 하여도 반드시 감히 조를 통제하지 못할 것이고 진을 이기지 못하면 반드시 조를 중히 여길 것입니다. 조는 진·초가 피폐하는 틈을 타서 천하에서 뜻을 얻을 수 있을 것입니다."

조왕은 그렇다고 여기고, 이어서 군사를 서쪽으로 보내지 않고 한광(韓廣)으로 하여금 연 지역을 경략하게 하고, 이량(李良)으로 하여금 상산(常山, 하북성 元氏縣)을 경략하게 하고, 장염(張黶)으로 하여금 상당(上黨, 산서성 長子縣)을 경략하게 하였다.

원문

張耳·陳餘至邯鄲 聞周章却 又聞諸將爲陳王徇地還者多以讒毀得罪誅 乃說武信君令自王. 八月 武信君自立爲趙王 以陳餘爲大將軍 張耳爲右丞相 邵騷爲左丞相; 使人報陳王. 陳王大怒 欲盡族武信君等家而發兵擊趙. 柱國房君諫曰; "秦未亡而誅武信君等家 此生一秦也; 不如因而賀之 使急引兵西擊秦." 陳王然之 從其計 徙繫武信君等家宮中 封張耳子敖爲成都君 使使者賀趙 令趣發兵西入關. 張耳·陳餘說趙王曰: "王王趙 非楚意 特以計賀王. 楚已滅秦 必加兵於趙. 願王毋西兵 北徇燕·代南收河內以自廣. 趙南據大河 北有燕·代 楚雖勝秦 必不敢制趙; 不勝秦 必重趙. 趙乘秦·楚之敝 可以得志於天下." 趙王以爲然 因不西兵 而使韓廣略燕 李良略常山 張饜略上黨.

【강목|절요】*

평설

진승은 앞에서도 거론하였지만 본래 천하를 어거할 만한 인재가 못되었다. 어쩌다 환경의 압박을 받아서 기병에 성공하였

---

*【강목】(강) 八月 楚將武臣至趙自立爲趙王 (목) 張耳陳餘聞諸將爲陳王徇地者多以讒毀誅 乃說武信君自立爲趙王 勝大怒 欲族其家 柱國房君諫曰 秦未亡而誅武信君等家 此生一秦也 不如因而賀之 使急引兵西擊秦 勝從其計 耳餘曰 楚特以計賀王 已滅秦必加兵於趙 願王毋西兵 而北徇燕代 南收河內以自廣 楚雖勝秦 必不敢制趙 不勝秦 必重趙 趙乘秦楚之弊 可以得志於天下 趙王從之 因不西兵 而使韓廣畧燕 李良畧常山 張饜畧上黨【절요】八月, 武信君自立爲趙王.

고, 결국 진왕(陳王)이 되기까지 하였다. 사실 그가 세운 나라는 장초였으니 장초왕이라고 해야 맞지만 그가 도읍을 진(陳)에 두었기 때문에 통상 진왕이라고 한다.

어쨌든 제왕이 되었으면 그에 걸맞는 정치적 식견을 가지고 정치를 해나가야 하지만 그릇이 그러하지 못하니 자기가 이룩할 수 있는 좋은 기회를 잃어가기 시작했다. 진승은 자신이 파견한 장군들이 전장(戰場)에 갔다가 돌아오면 주위에서 참소하는 사람들의 말을 듣고 죽였다.

이러한 현상은 보통 왕조 말에나 나타나는 것인데, 왕이 된 지 몇 달도 안 되는 시점에 이러한 현상이 나타난 것은 그가 오래 지속될 수 없음을 말해주는 것이었다.

장군들이 죽는 것을 본 전장에 있는 다른 장군들은 나도 진승에게 갔다가는 저렇게 죽을 수 있겠다는 생각을 갖게 되었다. 진승이 죽인 장군들이 어떤 문제가 있었는지는 알 수 없지만 적어도 이 시기에는 잘못을 감싸 안고 가야하는 지도자의 도량이 필요했는데, 그것을 못 갖추었으니, 사람들이 그에게서 이반할 수밖에 없었다.

그 첫 번째 사건이 무신(武臣)의 독립이다. 무신은 서쪽으로 진의 함양을 향해 나가는 주장과 별도로 북방의 조(趙) 지역을 공략하라고 명령을 받은 진승의 부하였다. 그러나 진승의 조치를 보면서 자기들도 진승으로부터 주살 당할 수 있다고 생각하여 독립해야겠다고 생각했다. 그러나 무력에서 진승의 세력을 감당할 수 없다면 독립이 불가능하다고 생각하던 차에 진의 함양으로 진격하던 주장이 패배하였다는 소식이 들렸다. 이는 진승의 군사력이 조 지역까지는 미칠 수 없게 되었음을 말하는 것이기도 하였다.

그리하여 무신을 돕던 모사(謀士) 장이와 진여가 무신에게 독립하기를 권고한다. 설사 진승이 진의 함양을 점거하고 승리한다고 해도 그 사이에 조와 인접한 대(代)와 연(燕)을 손아귀에 넣으면 충분히 진승의 남부세력과 대결할 만 하다는 계산이었다.

그리하여 무신은 자립하여 조왕이 된다. 이제 진승의 부하였던 무신이 진승에게서 독립하여 진승과 동급의 왕을 칭한 것이다. 진승으로서는 배신감이 들었고, 당장이라도 무신을 응징하고 싶었지만 무력이 충분하지 못함을 알고 오히려 겉으로 우호정책을 써서 축하를 보낸다.

충분히 천하의 전세를 관망하고 분석한 장이와 진여의 계책을 통해 아무런 준비 없이 변화한 현상만을 보면서 대처하였던 진승의 모습을 보게 되었다. 독자는 여기에서 진승이 오래 지탱할 수 없을 것을 예상할 수 있다.

분석해 보면 이러한 복잡한 계산이 깔려 있는데, 《절요》에서는 단순히 무신이 왕이 된 것만을 기록하여 무신이 왕이 된 것의 의미를 독자들이 알기 어렵게 하였다. 반면에 《강목》에서는 많이 생략하지 않아서 생동감은 떨어지지만 전체를 파악할 수 있게는 하고 있다.

군사를 일으킨 유방

원문번역

9월에 패(沛, 강소성 沛縣) 사람 유방(劉邦)이 패에서 군사를 일으켰고, 하상(下相, 강소성 宿遷縣) 사람 항량(項梁)이 오(吳, 강소성 吳縣)에서 군사를 일으켰으며, 적(狄, 산동성 高苑縣) 사람 전담(田儋)이 제(齊) 지역에서 군사를 일으켰다.

유방의 자는 계(季)이며 사람됨이 코가 크고 용의 얼굴을 가졌으며 왼쪽 넓적다리에는 72개의 검은 점이 있었다. 사람을 아끼고 베풀기를 좋아하였고 뜻은 탁 트였으며 항상 큰 도량을 가졌지만 집에서 하는 생산 작업에는 종사하지 않았다.

처음에, 사상정(泗上亭, 강소성 沛縣 동쪽에 위치)의 정장(亭長)이었는데, 선보(單父, 산동성 單縣의 남쪽) 사람 여공(呂公)이 관상 보기를 좋아하여 유계(劉季, 유방)의 생긴 모양을 보고 이를 기이하게 생각하고 그의 딸을 처로 삼게 하였다.

이미 그리고 나서 유계(劉季)는 정장으로서 현(縣)을 위하여 형도를 여산(驪山)으로 호송하는데 형도들이 대부분 길에서 도망하였다. 스스로 헤아려 보니 도착할 때쯤이면 모두 도망할 것인데, 풍(豊, 강서성 豊縣)의 서쪽에 있는 못[늪] 가운데 있는 정[澤中亭]에 이르러 쉬면서, 술을 마시다가 밤이 되어 마침내 호송하던 형도들을 풀어서 멋대로 하게하고 말하였다.

"공(公) 등은 모두 가고, 나 또한 여기서부터 떠나겠소."

형도 가운데 장사로 좇기를 원하는 사람이 10여 명이었다. 유계가 술을 마시고 밤중에 못[늪] 가운데서 길을 가는데, 큰 뱀이 길에 있어서 유계가 칼을 뽑아 뱀을 잘랐다. 어떤 할멈이 곡하면서 말하였다.

"내 아들은 백제(白帝)의 아들로 변화하여 뱀이 되어서 길에 있었는데, 이제 적제(赤帝)의 아들이 이를 죽였구나!"

이어서 홀연히 보이지가 않았다.

유계는 도망하여 망산(芒山)과 탕산(碭山, 하남성 영성현 동북쪽)의 소택지에 숨었는데 여러 번 기괴한 일이 있었고, 패(沛)에 살던 자제들이 이 소리를 듣고 많은 사람이 귀부하고자 하였다.

원문

九月 沛人劉邦起兵於沛 下相人項梁起兵於吳 狄人田儋起兵於齊. 劉邦字季 爲人隆準·龍顔 左股有七十二黑子. 愛人喜施 意豁如也; 常有大度 不事家人生産作業. 初爲泗上亭長 單父人呂公 好相人 見季狀貌 奇之 以女妻之.

旣而季以亭長爲縣送徒驪山 徒多道亡. 自度比至皆亡之 到豐西澤

中亭 止飮 夜 乃解縱所送徒曰:"公等皆去 吾亦從此逝矣!" 徒中壯士願從者十餘人.

劉季被酒 夜徑澤中 有大蛇當徑 季拔劍斬蛇. 有老嫗哭曰:"吾子白帝子也 化爲蛇 當道; 今赤帝子殺之!"因忽不見. 劉季亡匿於芒·碭山澤之間 數有奇怪; 沛中子弟聞之 多欲附者.

【강목|절요】*

평설

이 부분은 유방이 기병하게 되는 원인을 설명하고 있다. 진승이 기병하고 두 달 뒤의 일로 진승이 북쪽과 서쪽으로 향하여 군사 활동을 하였는데 진(秦)이 제대로 대처하지 못하는 상황을

---

*【강목】(강) 九月 楚人劉邦起兵於沛 自立爲沛公 (목) 沛人劉邦 字季 隆準龍顔 愛人喜施 意豁如也 有大度 不事家人生産作業 初 爲泗上亭長 單父人呂公奇其狀貌 以女妻之 爲縣送徒驪山 徒多道亡 自度比至皆亡之 到豊西 止飮 夜 乃解縱所送徒曰 公等皆去 吾亦從此逝矣 徒中壯士願從者十餘人 季被酒 夜徑澤中 有大蛇當徑 季拔劍斬之 有老嫗哭曰 吾子 白帝子也 今爲赤帝子所殺 因忽不見 季亡匿碭山中
【절요】○九月, 沛人劉邦起兵於沛, 下相人項梁起兵於吳, 狄人田儋起兵於齊. ○劉邦, 字季, 爲人隆準·龍顔, 左股有七十二黑子. 愛人喜施, 意豁如也; 常有大度, 不事家人生産作業. 史記本紀曰:常繇咸陽, 縱觀秦皇帝, 喟然太息曰:「嗟乎, 大丈夫當如此也!」○單父人呂公, 好相人, 見季狀貌, 因重敬之曰:「臣相人多矣, 無如季相, 願季自愛. 臣有息女, 願爲箕帚妾.」卒與劉季, 乃呂后也. ○秦始皇帝常曰:「東南有天子氣」, 於是因東游以厭之. 季卽自疑, 亡匿, 隱於芒·碭山澤巖間. 呂后與人俱求, 常得之. 季怪問之. 呂后曰:「季所居上常有雲氣, 故從往常得季.」沛中子弟聞之, 多欲附者. 初爲泗上亭長, 爲縣送徒驪山, 徒多道亡. 自度比至皆亡之, 乃解縱所送徒曰:「公等皆去, 吾亦從此逝矣!」徒中壯士願從者十餘人. ○劉季被酒, 夜徑澤中, 有大蛇當徑, 季拔劍斬蛇. 後人來至蛇所, 有老嫗夜哭曰:「吾子, 白帝子也, 化爲蛇, 當道; 今赤帝子殺之!」嫗因忽不見. 後人告劉季, 季乃心獨喜自負, 諸從者日益畏之.

유방의 패현 점거도(기원전 209년)

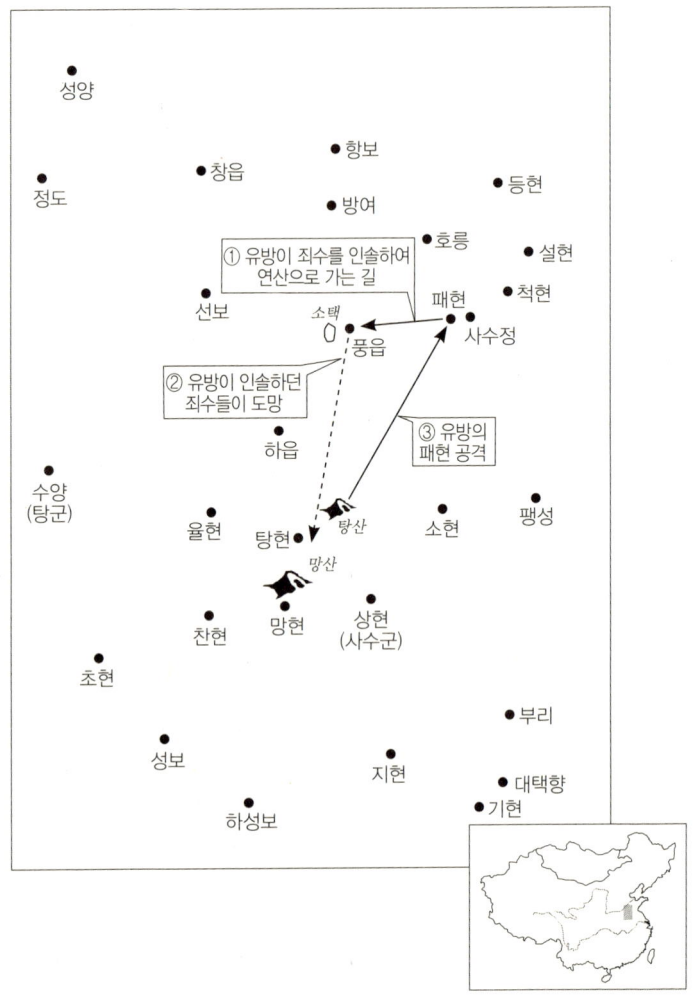

맞게 되자 남부지역에서 기병하게 된다. 그 사람이 패(沛) 출신인 유방이고, 하상(下相) 출신인 항량(項梁)이었다.

그리고 전담은 제(齊)에서 기병을 하였다. 그런데 패는 지금의 강소성 서주시에 속한 현이고, 하상은 같은 강소성 숙천의 서남쪽이니, 크게 보면 이웃인 셈이다.

진승의 영향을 받아서 강소성, 즉 전국시대의 초(楚) 지역에서 진에 대한 반기를 든 것이다. 따지고 보면 진승이 기병하고 장초(張楚)라는 국호를 정하였으니 진 시황제가 초를 포함해서 6국을 멸망시킨 지 13년 만에 다시 전국시대의 양상이 재현된 것이다.

춘추시대에는 황하 유역에 있는 제후국과 장강 유역의 신흥 초나라의 대결이 일어나고 있었고, 전국시대에도 결국은 진(秦)과 초(楚) 그리고 제(齊)라는 삼각구도의 대결이 있었다. 그러던 만큼 진에 대립하였던 초 지역과 제 지역에서 군사를 일으켰으니, 진의 통일이라는 것은 전통적인 삼각구도를 강제적으로 깨뜨린 일시적 현상이라고 할 수 있다.

그러한 점에서 같은 초지역 출신인 유방과 항씨의 집안은 초기에는 서로 협력하는 사이가 될 수 있었다. 특히 《강목》에서 유방을 초인(楚人)으로 쓴 것으로 보아서 더욱 그러하다.

후에 유방이 한을 세운 점을 감안하여 여기서 우선 유방의 배경을 설명하고 있다. 어떤 점에서는 유방을 신비화한 내용이 들어가 있다. 넓적다리에 검은 점이 72개가 있었다든가 소소한 일에는 관심이 없었고, 도량이 큰 사람이라든가 또는 모습이 기이하였다는 내용이다. 그리고 또 밤중에 늪지대를 가다가 큰 뱀을 죽였는데, 그것이 백제(白帝)의 아들고 상대적으로 유방은 적제(赤帝)의 아들어라고 하는 이야기도 있다.

그러나 유방이 기병하는 과정은 진승이 기병하게 되는 과정과 흡사하다. 정장으로서 여산으로 형도를 호송하는 책임을 맡았다가 이 책임을 완수할 수 없는 지경에 이르자 이들을 해산시켰는데, 이러한 그를 보고 고향인 패(沛) 사람들이 유방을 따랐다는 것이다.

역사는 결과를 본 다음에 쓰는 것이다. 유방이 설혹 검은 점이나 뱀을 죽이는 일화가 있었다고 하더라도 이러한 내용이 역사책에 기록될 이유가 없는 것이다. 그러나 결과적으로 유방이 한을 건설한 고조가 되었다.

그래서 후대에 유방에 관하여 기록을 하고자 하는 사람은 성공한 유방에게서 그 신비한 설화를 들었고, 또 한 왕조의 입장에서는 이 신비한 일화를 통하여 한 왕조 건설의 당위성을 설명하려고 했기 때문에 이 내용이 남아 있게 된 것으로 보아도 좋을 것이다.

이 내용은 후대의 역사 전개를 볼 때에 중요하기 때문에 《절요》에서는 사마천의 《사기》를 그대로 옮겨다 싣고 있는 것이 특이한 점이다. 그리고 《강목》에서는 유방을 초인으로 기록해 놓고 있는 것이 조금 다른 표현이다.

소하·조참·번쾌를 얻은 유방

원문번역

진섭(陳涉)이 군사를 일으키게 되자, 패의 현령(縣令)이 패를 가지고 그에게 호응하려고 하였다. 연리(掾吏)와 주리(主吏)인 소하(蕭何)와 조참(曹參)이 말하였다.

"그대는 진의 관리인데 이제 이를 배반하여 패의 자제를 통솔하려고 하지만 말을 듣지 않을까 걱정입니다. 바라건대 그대는 도망하여 밖에 있는 여러 사람을 불러서 수백 명을 얻을 수만 있다면 이를 이용하여 무리를 겁준다면 무리들은 감히 말을 안 듣지는 않을 것입니다."

이에 번쾌(樊噲)로 하여금 유계를 불러오게 하였다.

유계의 무리는 이미 수십 백 인이었는데, 패의 현령은 후회하고 그들이 변을 일으킬 것을 걱정하여 마침내 성문을 닫고 성을 지키면서 소하와 조참을 주살하고자 하였다. 소하와 조참이 두려워서 성을 넘어 유계에게서 보호 받았다.

유계는 마침내 비단에 편지를 써서 성 위로 쏘아서 패의 부로

유방의 근거지(기원전 208년)

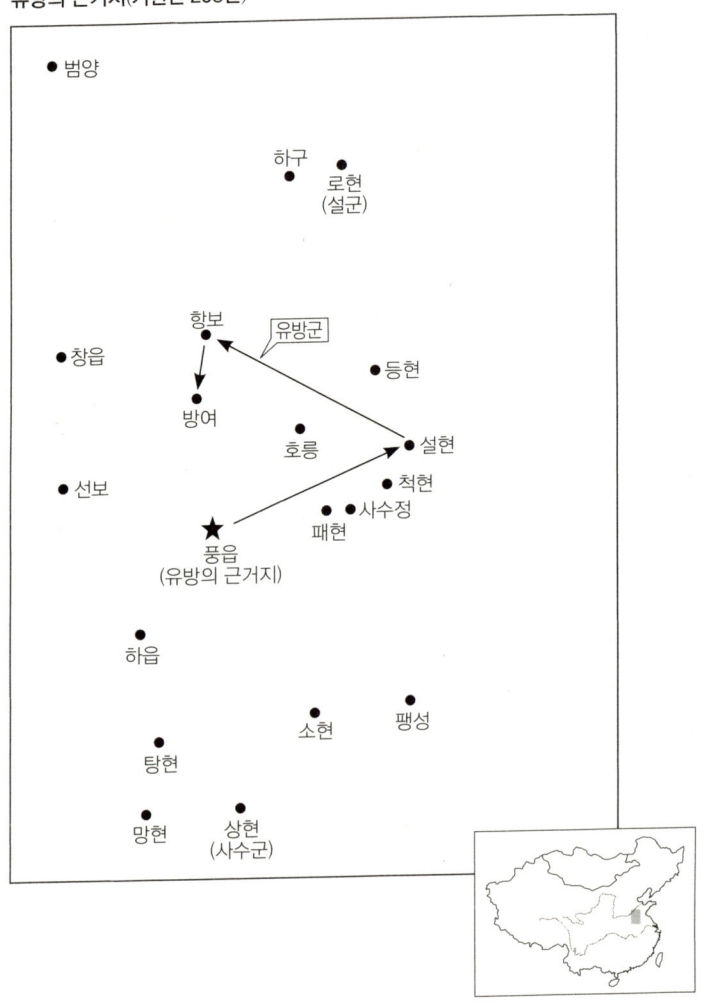

들에게 보내어 이로움과 해로움을 열거하였다. 부로들이 마침내 자제들을 이끌어서 함께 패의 현령을 죽이고 성문을 열고 유계를 영접하고 그를 세워서 패공(沛公)이라고 하였다. 소하와 조참 등이 패의 자제들을 모집하여 3천 명을 만들어서 제후들에게 호응하였다.

원문

及陳涉起 沛令欲以沛應之. 掾·主吏蕭何·曹參曰: "君爲秦吏 今欲背之 率沛子弟 恐不聽. 願君召諸亡在外者 可得數百人 因劫衆 衆不敢不聽." 乃令樊噲召劉季. 劉季之衆已數十百人矣; 沛令後悔 恐其有變 乃閉城城守 欲誅蕭·曹. 蕭·曹恐踰城保劉季. 劉季乃書帛射城上 遺沛父老 爲陳利害. 父老乃率子弟共殺沛令 開門迎劉季 立以爲沛公. 蕭·曹等爲收沛子弟 得三千人 以應諸侯.

【강목|절요】*

---

*【강목】(목) 沛令欲應陳涉 主吏蕭何曹參曰 君爲秦吏 今背之 恐子弟不聽 願召諸亡在外者 以劫衆 乃召劉季季之衆已數十百人矣 令悔閉城 季乃書帛射城上 遺沛父老爲陳利害 父老乃率子弟殺令 迎季立以爲沛公 蕭·曹爲收子弟得二三千人 以應諸侯旗幟皆赤【절요】及陳涉起, 沛令欲以沛應之, 掾·主吏蕭何·曹參曰:「君爲秦吏, 今欲背之, 率沛子弟, 恐不聽. 願君召諸亡在外者, 可得數百人, 因劫衆, 衆不敢不聽.」 乃令樊噲召劉季. 時劉季之衆已數十百人矣; 沛令後悔, 父老乃率子弟共殺沛令, 開門迎劉季, 立以爲沛公. 旗幟皆赤, 由所殺蛇者, 赤帝子故也. 蕭·曹等爲收沛子弟, 得三千人, 以應諸侯.

평설

　유방이 기병을 하고 여러 가지 어려운 난관을 극복하는데 결정적으로 도움을 주는 사람을 얻는 내용이다.

　후에 장량과 한신을 얻게 되지만 소하와 조참 그리고 번쾌는 끝까지 유방을 도운 참모였다. 유방이 기병한 초기부터 이들의 도움이 컸는데, 우선 패현의 관리로 연리(掾吏)와 주리(主吏)였던 소하와 조참이 패현의 현령을 설득하고 속여서 유방을 받아들였다.

　그리고 유방을 내세워서 당시 진에 반대하여 기병하였던 제후들에게 호응하였던 것이다. 연리(掾吏)는 옥연(獄掾)을 말하는 것으로 감옥 일을 맡은 관리이며 주리(主吏)는 비서관의 일을 맡은 관리이다.

　그러므로 이 두 사람은 현령을 제외한 그 아래 소속된 관리를 관장하기에 충분한 인물이라고 할 수 있는데, 같은 고을 사람이었던 유방의 사람됨을 알고 그를 추대한 것이다. 그리고 유방에게는 그 지역의 명칭을 따서 패공이라고 존칭하였다. 이때 진승(陳勝)은 이미 왕(王)의 칭호를 갖고 있었는데, 유방의 세력은 아직 미약했으므로 공(公)으로 만족해야 했다.

　《절요》와 《강목》에서는 이 부분을 대체적으로 기록하였다.

항량과 항우의 등장

원문번역

항량(項梁)이라는 사람은 초의 장수였던 항연(項燕)의 아들인데, 일찍이 사람을 죽여서 조카인 항적(項籍)과 더불어 원수를 피하여 오(吳)에 살고 있었다. 오의 똑똑한 사대부들은 모두 그 사람 밑에서 나왔다. 항적은 어려서 책을 배웠으나 성공하지 못하여 떠났고 다시 칼 쓰기를 배웠으나 또 이루지 못하였다. 항량이 그에게 화를 냈다.

항적이 말하였다.

"책은 이름과 성을 기록할 줄 알면 충분합니다. 칼은 한 사람을 대적하는 것이므로 배우기에는 충분치 못하니, 만인을 대적하는 것을 배우겠습니다."

이에 항량이 마침내 항적에게 병법을 가르쳤더니, 항적이 이를 크게 기뻐하였는데, 대략 그 뜻을 알고는 또 끝까지 배우려 하지 않았다.

항적은 키가 8척(尺)이 넘었고, 힘은 정(鼎)을 들 수 있었으며,

재주는 보통사람을 뛰어넘었다. 회계(會稽) 군수 은통(殷通)은 진섭이 일어났다는 소식을 듣고 군사를 내어 진섭에게 호응하고자 하여 항량과 환초(桓楚)로 하여금 거느리게 하였다. 이때 환초는 소택 가운데로 도망치고 있었다.

항량이 말하였다.

"환초가 도망하였는데, 다른 사람들은 그가 있는 곳을 알지 못하고 오직 항적만이 그것을 알고 있을 뿐입니다."

항량이 마침내 항적에게 훈계하여 칼을 가지고 밖에서 경계하며 있으라고 하고, 항량이 다시 들어가서 군수와 더불어 앉아서 말하였다.

"청컨대 항적을 불러서 명령을 받아서 환초를 불러오게 하십시오."

군수가 말하였다.

"허락하오."

항량이 항적을 불러들였다. 잠깐 사이에 항량이 항적에게 눈짓하여 말하였다.

"실행해도 좋다."

이에 항적이 드디어 칼을 뽑아서 군수의 머리를 베었다.

항량이 군수의 머리를 들고 그 인수(印綬)를 찼다. 문 아래에서 크게 놀라 소란스러워지니 항적이 쳐서 죽인 것이 수 십 백 인이 되니, 한 부(府) 가운데 있는 사람은 모두 엎드려서 감히 일어나질 못하였다.

항량이 마침내 예부터 아는 호걸과 관리들을 불러서 큰일을 일으킨 이유를 알아듣게 말하니, 드디어 오(吳)에 있는 군사를 들어서 사람들을 시켜 하현(下縣)에서 거두어 들여 정병 8천 명을 만들었다. 항량은 회계 군수가 되고 항적은 비장(裨將)이 되어 하현을 경략하였다. 항적은 이때 나이가 24세였다.

원문

項梁者 楚將項燕子也 嘗殺人 與兄子籍避仇吳中. 吳中賢士大夫皆出其下. 籍少時學書 不成 去; 學劒 又不成. 項梁怒之. 籍曰: "書足以記名姓而已! 劒 一人敵不足學; 學萬人敵!" 於是項梁乃敎籍兵法 籍大喜; 略知其意 又不肯竟學. 籍長八尺餘 力能扛鼎 才器過人. 會稽守殷通 聞陳涉起 欲發兵以應涉 使項梁及桓楚將. 是時 桓楚亡在澤中. 梁曰: "桓楚亡 人莫知其處 獨籍知之耳." 梁乃誡籍持劒居外 梁復入 與守坐曰: "請召籍 使受命召桓楚." 守曰: "諾;" 梁召籍入 須臾 梁眴籍曰: "可行矣!" 於是 籍遂拔劒斬守頭項梁持守頭 佩其印綬. 門下大驚 擾亂; 籍所擊殺數十百人 一府中皆慴伏莫敢起. 梁乃召故所知豪吏 諭以所爲起大事 遂擧吳中兵 使人收下縣 得精兵八千人. 梁爲會稽守 籍爲裨將 徇下縣 籍是時年二十四.

【강목|절요】*

---

*【강목】(강) 楚人項梁起兵於吳 (목) 項梁者 下相人 楚將項燕子也 嘗殺人 與兄子籍避仇吳中 吳中賢士大夫皆出其下 籍字羽 少時學書不成去 學劒又不成 梁怒 籍曰 書 足以記名姓而已 劒 一人敵 不足學 學萬人敵 於是梁乃敎籍兵法 籍大喜 畧知其

평설

　이 부분은 최종적으로 유방과 대결하게 되는 항(項)씨 특히 항우의 등장을 설명한 것이다. 항씨 집안은 전국시대에 초나라 장군인 항연의 후손이었다. 항량은 그 아들이고, 항우는 그 손자이니 당시의 사회적 지위는 유방과 비교할 수 없을 정도의 높은 신분의 집안이었다.

　항량과 항우는 숙질간에 도망 다니는 신세였는데 진승이 기병하자 회계 태수도 기병하려는 생각으로 장군집안 출신의 항량에게 군사를 거느리도록 하였다. 이때 항량은 항우를 이용하여 회계 태수 은통의 목을 베고 저항하는 무리를 제압한 후 회계 태수의 인수를 빼앗았다.

　은통을 죽이는 과정은 비록 어려웠지만 회계 태수라는 직함을 가지게 되었으니 항량의 조건은 누구보다 좋았다고 할 수 있다. 여기에 젊고 뛰어난 인재를 수하로 두었으니 진말이라는 혼란한 시대에 두각을 나타내기에 충분한 집단이었다.

意 又不肯竟學 長八尺餘 力能扛鼎 才器過人 會稽守殷通 欲應陳涉 使梁將 梁使籍 斬通 乃召故所知豪吏 喩以所爲起大事 擧吳中兵 收下縣 得精兵八千人 梁自爲會稽守 以籍爲裨將 籍時年二十四. 【절요】○項梁者, 楚將項燕子也, 嘗殺人, 與兄子籍避仇吳中. 籍少時學書, 不成, 去 ; 學劒, 又不成. 項梁怒之. 籍曰:「書, 足以記名姓而已! 劒, 一人敵, 不足學 ; 學萬人敵!」於是項梁乃敎籍兵法. 籍長八尺餘, 力能扛鼎, 才器過人. 會稽守殷通, 聞陳涉起, 欲發兵以應涉, 使項梁將. 梁乃使籍, 拔劒斬守頭, 佩其印綬. 門下大驚, 擾亂 ; 籍所擊殺數十百人, 一府中皆慴伏, 莫敢起. 梁乃擧吳中兵, 使人收下縣, 得精兵八千人. 梁爲會稽守, 籍爲裨將, 徇下縣. 籍是時年二十四.

그러나 항량과 항우의 등장은 지모보다는 무력을 사용한 점에서 유방과 다르다. 유방은 자리를 얻기 전에 먼저 사람을 구했기 때문이다. 이러한 두 세력의 성격 차이는 향후 사건의 진행에서도 줄곧 영향을 끼치고 있다.

《절요》와 《강목》에서는 이 사건을 《자치통감》에서 크게 줄이지 않고 그대로 싣고 있다. 다만 약간이나마 줄이는 바람에 극적인 분위기를 낼 수는 없었지만.

제에서 기병한 전담

원문번역

전담(田儋)은 옛 제왕의 친족이었다. 전담의 사촌동생 전영(田榮)과 전영의 동생 전횡(田橫)은 모두 호걸이며 건장하였으며, 종족이 강성하여 인재를 얻을 수가 있었다.

주시(周市)가 경략하여 적(狄, 산동성 高苑縣)에 이르렀는데, 적성(狄城)은 지켜졌다. 전담은 거짓으로 그의 노복을 결박하고 소년을 좇아서 현정(縣廷)에 가서 노복을 죽이고자 한다고 아뢰면서 적현의 현령을 뵙자고 하고, 이를 이용하여 현령을 쳐 죽이고 호걸과 관리의 자제를 불러서 말하였다.

"제후들이 모두 진을 반대하고 자립하고 있다. 제는 옛날에 세워졌던 나라이고 나 전담은 전씨(田氏)이니 마땅히 왕이 되어야 한다."

드디어 자립하여 제왕(齊王)이 되고 군사를 내어 주시를 쳤다. 주시의 군사가 돌아갔다. 전담이 군사를 인솔하여 동쪽으로 가서 제 지역을 경략하고 평정하였다.

원문

田儋 故齊王族也. 儋從弟榮 榮弟橫 皆豪健 宗强 能得人. 周市徇地至狄 狄城守. 田儋詳爲縛其奴 從少年之廷 欲謁殺奴 見狄令 因擊殺令 而召豪吏子弟曰: "諸侯皆反秦自立. 齊 古之建國也; 儋 田氏 當王!" 遂自立爲齊王 發兵以擊周市. 周市軍還去. 田儋率兵東略定齊地.

【강목|절요】*

평설

전담의 등장을 기록한 내용이다. 전(田)씨는 전국시대에 제나라의 왕성(王姓)이었다. 그런데 진에게 멸망한 뒤로 제 지역은 진의 군현이 되었지만 진승이 기병을 한 뒤로는 진승이 주시를 통하여 중원지역을 장악하게 하고 이어서 옛 제 지역인 적현에까지 순시하러 왔던 것이다.

이에 전담이 거짓으로 소년을 죽여야 한다는 명목으로 현청에 들어가서 적의 현령을 죽이고 군사를 일으켜서 스스로 제왕(齊王)이 되어 순시하러 온 주시를 쫓아 보내고 옛날 제나라 지역을 모두 확보하였다.

---

* 【강목】(강) 齊人田儋自立爲齊王 (목) 儋 故齊王族也 與從弟榮橫 皆豪健 宗强 能得人 周市徇地至狄 狄城守 儋詳縛奴從 少年至廷 欲謁殺之 因殺狄令 而召豪吏子弟曰 諸侯皆反秦自立 齊古之建國也 儋 田氏當王 遂自立 擊市走之 東畧定齊地. 【절요】 田儋者, 故齊王族也. 自立爲齊王, 率兵東略定齊地.

이러한 현상은 진승의 기병이 동부지역으로 그 세력을 확장하려는 계획에 장애를 만난 것이고, 전통적으로 동부지역인 제(齊)가 재등장하여 전국시대의 상황이 재연된 셈이다.
　이로써 전국시대의 초, 조, 제, 위 등이 다시 독자적인 세력으로 자리 잡아가기 시작하였다. 다만 아직은 이 세력이 온정(穩定)되어 있지는 않았고, 그러한 움직임의 태동(胎動)인 셈이었다. 후속하여 한(韓)과 연(燕) 등의 독자세력이 등장한다면 전국 7웅의 상황은 재현되는 것이다.
　《절요》에서는 이를 간략하게 다루었지만 《강목》에서는 크게 생략함이 없었다.

연왕이 된 한광

원문번역

한광(韓廣)이 군사를 거느리고 북쪽으로 가서 연 지역을 경략하는데 연 지역의 호걸들이 함께 한광을 세워서 연왕(燕王)으로 삼고자 하였다. 한광이 말하였다.

"이 한광의 어머니가 조 지역에 있으니 할 수 없소."

연인(燕人)들이 말하였다.

"조는 바야흐로 서쪽으로는 진을 걱정하고, 남쪽으로는 초를 걱정하고 있으니, 그 힘이 우리를 금지시킬 수 없을 것입니다. 또한 초의 강함을 가지고도 조왕과 장상의 집안을 해치지 못하였는데, 조가 다만 어찌 감히 장군의 집안을 해치겠습니까?"

한광이 마침내 자립하여 연왕이 되었다. 몇 달이 지나서 조에서는 연왕의 어머니와 가족을 모시어 보냈다.

원문

韓廣將兵北徇燕 燕地豪桀欲共立廣爲燕王. 廣曰: "廣母在趙 不可!" 燕人曰: "趙方西憂秦 南憂楚 其力不能禁我. 且以楚之强 不敢害趙王將相之家 趙獨安敢害將軍家乎!" 韓廣乃自立爲燕王. 居數月 趙奉燕王母家屬歸之.

【강목|절요】*

평설

전국시대 연이 다시 만들어지게 되는 기록이다. 진승에게 북쪽으로 가라는 명령을 받고 온 무신이 조나라를 장악하고 조왕이 되었다. 이번에는 조왕 무신이 한광에게 연 지역을 경략하도록 명령하였는데, 연에 온 한광이 연왕이 된 것이다.

마치 무신이 진승의 뜻을 어긴 것과 똑같은 행태였다. 명령을 한 사람의 뜻을 어겨도 이를 제제할 힘이 없었기 때문에 진승은 무신에게 오히려 조왕이 된 것은 축하를 했고, 한광을 제재할 능력이 없는 조왕 무신 역시 한광의 가족을 무사하게 돌려보냈다.

여기에서 힘과 명령과의 관계를 이해할 수 있다. 그런데 《절요》에서는 딱 한 줄로 이를 기록하였으니, 그 속에 숨은 의미를

---

*【강목】(강) 趙將韓廣畧燕地 自立爲燕王 (목) 韓廣至燕 燕豪桀欲立以爲王 廣曰 廣母在趙不可 燕人曰 趙方西憂秦 南憂楚 其力不能禁我 且以楚之强 不敢害趙王將相之家 趙又安敢害將軍家乎 廣乃立 居數月趙奉其母歸之 【절요】 韓廣自立爲燕王

이해하기란 쉽지 않을 것이다. 그에 비하여 《강목》에서는 그다지 줄인 것이 없이 기록하였다. 이제 연까지 등장하였으니, 진과 새로 등장한 초, 위, 조, 연, 한, 제 등의 나라가 세워졌다. 재분열한 것이다.

조왕 무신을 풀어 준 정치역학

원문번역

조왕과 장이(張耳)·진여(陳餘)가 북쪽으로 가서 연의 경계 지역을 경략하였는데, 조왕이 잠깐 밖에 나온 틈에 연의 군사들에게 잡혔다. 연이 그를 가두고 땅의 할양을 요구하려고 하니, 사자가 가서 요청하였는데, 연에서 갑자기 그 사자를 죽였다. 시양졸(廝養卒)이 연의 성벽으로 가서 연의 장수를 보고 말하였다.

"그대는 장이와 진여가 무엇을 하고자 하는지 아십니까?"

말하였다.

"그들의 왕을 얻고자 원하겠지."

조의 양졸(養卒 : 시양졸)이 웃으면서 말하였다.

"그대는 이 두 사람이 원하는 것을 아직 모르고 있습니다. 무릇 무신(武臣)·장이·진여는 말고삐를 잡아당겨서 조의 수십 개의 성을 떨어뜨렸으니 이것은 또한 각기 남면(南面)하여 왕이 되고자 함인데, 어찌 장상으로 그치기를 원하겠습니까?

그 형세를 돌아보건대 처음 정해져서 아직은 감히 셋으로 나누어서 왕이 되지 않고, 또 어리고 많은 것에 따라서 무신을 먼저 세워 왕으로 하여 조 사람들의 마음을 붙잡는 것입니다. 지금은 조 지역이 이미 정복되었는데, 이 두 사람이 또 조를 나누어 왕이 되고자 하나 때가 아직은 할 수 없을 뿐입니다. 이제 그대가 마침내 조왕을 가두었습니다. 이 두 사람은 명목으로 조왕을 구하고 있는 것이지 실제로는 연이 그를 죽이기를 바라며, 이 두 사람이 조를 나누어 자립합니다. 무릇 한 개의 조로도 오히려 연을 쉽게 대할 수 있는데, 하물며 두 명의 똑똑한 왕이 왼쪽에서 들고 오른쪽에서 끌어당기며 자기네 왕을 죽인 죄를 책임지라고 한다면 연을 없애는 것은 쉽습니다."

연의 장수가 마침내 조왕을 돌려보내는데, 그 양졸이 수레를 몰아 돌아갔다.

원문

趙王與張耳·陳餘北略地燕界 趙王間出 爲燕軍所得. 燕囚之 欲求割地; 使者往請 燕輒殺之. 有廝養卒走燕壁 見燕將曰: "君知張耳·陳餘何欲?" 曰: "欲得其王耳." 趙養卒笑曰: "君未知此兩人所欲也 夫武臣·張耳·陳餘 杖馬箠 下趙數十城 此亦各欲南面而王 豈欲爲將相終已耶! 顧其勢初定 未敢參分而王 且以少長先立武臣爲王 以持趙心. 今趙地已服 此兩人亦欲分趙而王 時未可耳. 今君乃囚趙

王. 此兩人名爲求趙王 實欲燕殺之 此兩人分趙自立. 夫以一趙尙易燕 況以兩賢王左提右挈而責殺王之罪 滅燕易矣!" 燕將乃歸趙王 養卒爲御而歸.

【강목|절요】*

평설

조왕 무신에게 연을 경략하라는 명령을 받은 한광이 연에 와서 독립하여 연왕이 된 것은 조나라의 입장에서는 배신행위였다. 그래서 무신은 진여·장이와 더불어 연의 경계지역으로 가서 땅을 경략하려고 하였다. 이때에 연은 전선에서 적국의 왕인 조왕 무신을 사로 잡았다.

연으로서는 큰 인질을 하나 얻었다고 생각하였다. 조왕을 포로로 잡아 이를 인질로 하여 조가 더 이상 연을 괴롭힐 수 없게 하려는 것이었다. 아니나 다를까 조에서는 사신을 보내어 조왕을 돌려 달라고 교섭하러 왔지만 연나라에서는 그 사신을 죽였다. 조왕을 돌려 보낼 생각이 없다는 뜻이었다.

---

*【강목】(강) 燕軍獲趙王旣而歸之 (목) 趙王與張耳·陳餘畧地 王間出 爲燕軍所得 囚之 以求割地 使者往請 燕輒殺之 有厮養卒往見燕將曰 君知張耳陳餘何如人也 曰 賢人也 曰 知其志何欲 曰欲得其王耳 養卒笑曰 君未知此兩人所欲也 夫武臣·張耳 陳餘 杖馬箠下趙數十城 此亦各欲南面而王 顧其勢初定 且以少長先立武臣 今趙地 已服 此兩人亦欲分趙而王 今君乃囚趙王 此兩人名爲求之 實欲燕殺之 而分趙自立 夫以一趙尙易燕 況以兩賢王左提右挈而責殺王之罪 燕易矣 燕將乃歸趙王 養卒爲 御而歸 【절요】 내용없음

이때에 사신을 좇아 온 나무하고 밥 짓는 하급 병사인 시양졸이 나서서 연나라 장수에게 유세한다. 장이와 진여가 겉으로는 조왕을 돌려 달라고 하지만 실제로는 연에서 조왕 무신을 죽이기를 바라고 있다는 것이다.

장이와 진여가 무신에게 조왕을 하라고 한 것은 왕을 하기가 싫어서가 아니라 나이 때문에 우선 무신을 왕으로 시킨 것이며, 지금 조왕 무신이 없어지면 똑똑한 장이와 진여가 조나라를 나누어 가질 수 있는 기회를 갖는다는 것이다. 그렇게 되면 연은 장이와 진여의 협공을 받을 것이니 연에게는 위기라는 말이었다. 이 말을 들은 연에서는 조왕 무신을 조나라로 돌려보냈다.

한 가지 사건을 보면서 이를 겉에서 보는 것과 보이지 않는 속의 뜻을 살피는 것은 쉽지 않다. 그래서 연에서는 조나라에서 온 사신을 죽인 것이다. 그러나 오히려 시양졸의 설득으로 조왕을 돌려보냈으니 이름이 알려지지 않은 하급 시양졸의 지혜가 빛나는 대목이다.

그런데 《절요》에서는 이 대목을 통째로 삭제하였다. 《절요》로서는 사마광의 깊은 뜻을 이해할 수 없을 것이다. 그러나 《강목》에서는 오히려 이 부분을 거의 다 수록하고 있다.

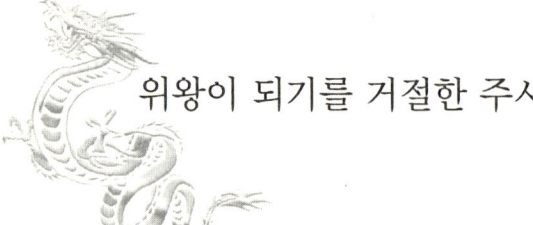

위왕이 되기를 거절한 주시

원문번역

4 주시가 적(狄)에서 돌아와서 위 지역에 이르러 옛날의 위 공자인 영릉군(寧陵君) 위구(魏咎)를 왕으로 삼고자 하였다. 위구는 진(陳)에 있어서 위로 갈 수가 없었다. 위 지역이 이미 평정되자 제후들은 모두 주시를 세워서 위왕(魏王)으로 삼으려고 하였다.

주시가 말하였다.

"천하가 혼란하면 충신이 마침내 나타납니다. 이제 천하가 함께 진을 배반하는데, 그 의로는 반드시 위왕을 세운 다음에야 할 수 있을 것이오."

제후들이 굳게 주시를 청하여 세우고자 하나 주시가 끝내 사양하여 받지 않고, 진에서 위구를 영접하려고 다섯 번이나 반복하자 진왕(陳王)이 마침내 그를 보내니, 위구를 세워 위왕으로 삼고 주시는 위의 재상이 되었다.

원문

4 周市自狄還 至魏地 欲立故魏公子寧陵君咎爲王. 咎在陳 不得之魏. 魏地已定 諸侯皆欲立周市爲魏王. 市曰: "天下昏亂 忠臣乃見. 今天下共畔秦 其義必立魏王後乃可." 諸侯固請立市 市終辭不受; 迎魏咎於陳 五反 陳王乃遣之 立咎爲魏王 市爲魏相.

【강목|절요】*

평설

주시는 원래 위(魏)의 장수였는데 진승이 기병한 뒤에 그를 통하여 위(魏) 지역을 경략하게 하자 위 지역을 경략하였다. 이어서 제(齊) 지역으로 영역을 넓히려고 하였으나 전담에게 패하고 위로 돌아 왔다. 그리되자 당시에 진에 반대하여 각 지역별로 왕을 칭한 사람들이 전국시대처럼 중원지역에 위나라를 재건할 필요가 있다며 위 지역에서 실제적으로 군사력을 가진 주시에게 위왕이 될 것을 요구하였다.

이들은 주시가 중앙에서 진의 동진을 막는 첨병이 되기를 바랐을 것이다. 주시는 위(魏)를 재건하는데는 동의하였지만 스스로 위왕이 되는 것은 사양하였다. 그 명분은 위왕은 당연히 위씨가 해야 한다는 것이었다. 유가적 충성심을 발휘한 것이다.

---

* 【강목】 (강) 楚將周市立魏公子咎爲魏王 而相之 (목) 周市定魏地 諸侯欲立之 市曰 天下昏亂 忠臣乃見 必立魏王後乃可 諸侯固請市終辭 乃迎魏公子寧陵君咎於陳 五反而後 楚王遣之乃立以爲王 而相之 【절요】 周市立魏公子咎爲魏王

그러나 이러한 유가적 충성논리가 당시에 쉽게 수용되지 않았다. 특히 처음에 기병한 진승은 이를 반대하였다.

그렇지만 주시는 진승이 있는 진(陳)까지 다섯 번이나 왕래를 하면서 위구를 위왕으로 세울 것을 설득하고 나서 진에 있는 위구를 모셔다가 위왕으로 삼고 자신은 재상이 되었다. 실제로 군사력을 가지고 재상의 지위를 가진 주시가 위나라를 이끌어 갈 것이므로 주시가 위왕이 되든지 아니든지 문제가 달라질 것은 없을 것이다.

그러나 주시는 명분을 중시하는 사람이 되어 전통의 회복을 원하는 당시의 분위기를 이어갔다. 진(秦)이 6국을 없앴으니 이를 회복시키자는 것이 일차적인 공감대를 얻었기 때문일 것이다. 그러나 역사는 복고적인 것은 아니다. 복고적인 향수가 있지만 구체적인 상황에서는 시대는 이미 달라져 있었던 것이다.

만약에 주시와 같은 생각을 그대로 추진하려고 하였다면 유방은 왕이 될 수도 없었고, 더욱 황제가 될 수도 없었을 것이다. 복고적인 생각이란 급진적 변화에 반대하는 명분일 뿐 실제로 역사는 복고적이 아니라 새로운 시대로 변화해 나가는 것이다. 점진적이기는 하지만.

이 사건에 대하여 《절요》는 아주 간단히 위구가 위왕이 되었다고만 쓰고 있어서 전후 사정, 그 행간에 묻힌 의미를 전달해 주지 못하고 있다. 반면에 《강목》에서는 이를 어느 정도 충실하게 전하고 있다.

주나라의 마지막 흔적 지우기

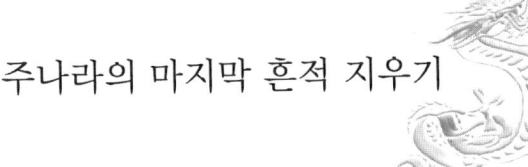

원문 번역

5 이해에 2세 황제는 위군(衛君)인 위각(衛角)을 폐하여 서인으로 삼으니 위의 제사가 끊겼다.

원문

5 是歲 二世廢衛君角爲庶人 衛絶祀.

【강목|절요】*

평설

역사에서 살펴보면 주 무왕이 은(殷)의 주(紂)를 쳐부수고 천하를 경영하는 방법으로 봉건제를 시행하였다. 그래서 주로부터 책봉을 받은 제후는 70여 명이었으며, 이 제후국들은 서로 경

---

* 【강목】 (강) 秦廢衛君角爲庶人 (목) 初秦幷天下而衛獨存 至是二世廢之 衛遂絶祀 【절요】 내용없음

쟁을 벌이고 병탄의 과정을 거치면서 결국은 진이 전국시대의 강자인 6국을 멸망시킴으로서 천하통일을 하였다는 것이다.

그런데 사마천의 《사기》에서는 아주 작은 제후국인 위(衛)가 진 시황제 시절에도 존재했다고 보고 있다. 그리고 《자치통감》도 역시 《사기》를 좇아서 진 시황제가 통일한지 12년을 더 버티었다고 쓴 것이다.

그러나 어떻게 그렇게 될 수가 있었을까? 아무리 위군(衛君)이 자기 자신의 호칭을 스스로 깎아내리고 열국에 대하여 겸손한 태도를 취하여 제후국들로부터 위협적으로 느껴지지 않게 하였다 손 치더라도 진 시황제가 이를 그대로 두었다는 것은 쉽게 이해가 되지 않는다.

이러한 까닭에 일본학자인 다카오 히라세(平勢隆郞)는 《신편사기동주년표(新編史記東周年表)》에서 위나라의 멸망은 실제로 진 시황제가 6국을 멸망시킨 기원전 221년이라고 주장하였다. 《사기》에 이처럼 기록된 것은 계산 착오 때문이라는 것이다.

역사에서 연도를 계산할 때에 제왕을 중심으로 하는데, 그 방법이 두 가지가 있다.

하나는 전 임금이 죽고 후임 임금이 들어서자마자 바로 새 임금을 중심으로 연도를 계산하는 것인데, 전 임금이 6월에 죽었다면 그때까지는 전 임금의 ○○년으로 하고, 7월부터는 신 임금의 원년으로 계산하는 입년개원(立年改元)이다.

다른 하나는 유년개원(逾年改元)이라 하여 전 임금이 설사 4월에 죽었다고 하여도 그해 마지막까지는 전 임금의 기원을 그대로 쓰고, 다음 해부터 신 임금의 기원을 쓰는 것이다. 이것을 정확하게 계산하지 않으면 연도의 착오를 일으킬 수가 있는데, 바로 사마천이 이러한 착오를 일으켰다는 주장이다.

그러나 《사기》의 기록이 잘못이라고 하기도 어려운 점이 있다. 진이 비록 천하를 통일했다고 하지만 여전히 독자적으로 존재하는 성읍이 있었던 사실을 보면 위(衛)가 통일 후에도 미약하지만 독자적으로 존재했을 수도 있다.

하여간 마지막 주의 제후국인 위나라가 최후를 맞은 것은 진정한 의미에서 새로운 시대를 말하는 것이다.